# 数据思维
# 赋能

贾君新 / 著

清华大学出版社

北京

# 内 容 简 介

　　大数据时代，企业的竞争必然是大数据的竞争，"无数据不产业""无数据不商业"已经成为当今行业发展的主要潮流和趋势。"大数据"被赋予了更多的职能与期望，"大数据＋"已经成为行业发展的动力、企业战略的引导和技术革新的基因。本书通过对"云计算""大数据""大数据＋"的概念展开，分析云计算和大数据所处的时代背景与国家战略，并运用大量数据和案例分析了大数据对各行各业的应用场景所产生的影响和赋能。

　　本书适合对人工智能、大数据及经济战略进行研究的专家学者及相关知识爱好者研习阅读。

**图书在版编目（CIP）数据**

数据思维赋能 / 贾君新著. —北京：清华大学出版社，2020.5（2021.6重印）
ISBN 978-7-302-55391-5

Ⅰ. ①数…　Ⅱ. ①贾…　Ⅲ. ①企业管理—数据管理　Ⅳ. ① F272.7

中国版本图书馆 CIP 数据核字（2020）第 068542 号

责任编辑：杜春杰
封面设计：刘　超
版式设计：文森时代
责任校对：马军令
责任印制：刘海龙

出版发行：清华大学出版社
　　　　　网　　　址：http://www.tup.com.cn，http://www.wqbook.com
　　　　　地　　　址：北京清华大学学研大厦 A 座　　邮　　编：100084
　　　　　社 总 机：010-62770175　　　　　　　　邮　　购：010-62786544
　　　　　投稿与读者服务：010-62776969，c-service@tup.tsinghua.edu.cn
　　　　　质 量 反 馈：010-62772015，zhiliang@tup.tsinghua.edu.cn
印 装 者：三河市国英印务有限公司
经　　销：全国新华书店
开　　本：170mm×240mm　　　印　　张：13.75　　　字　　数：136 千字
版　　次：2020 年 7 月第 1 版　　　　　　　　　　印　　次：2021 年 6 月第 2 次印刷
定　　价：49.80 元

产品编号：086170-01

如今，全球经济已经进入竞争白热化的时代，互联网、大数据、物联网、云计算的出现正在改变全球市场经济的格局，尤其是大数据加速了全球市场经济的变革。因此，可以预见，未来是大数据时代，企业之间的竞争也必然是大数据的竞争。

新信息技术革命是建立在大数据和大数据处理技术的基础之上的，其出现是人类历史上的一场重大变革，对人们的生活方式和思维方式产生了重要影响，未来数据思维必然会为社会的各个方面成功赋能。

"无数据不产业""无数据不商业"已经成为当今行业发展的主要潮流和趋势。"大数据"被赋予了更多的职能和期望，"大数据 +"也成了行业发展的动力、企业战略的引导和技术革新的基因。

大数据推动着我国乃至世界经济的高速发展，它已经广泛渗透到快速消费品、金融、电商、医疗卫生、能源和物流、新零售、制造等行业，大数据也在各行各业和消费行为中发挥了巨大的能量，渗透面还在进一步扩大，已成为引领各行各业变革的关键。

本书通过对"云计算"和"大数据"的概念展开，分析云计算和大数据所处的时代背景和国家战略，以及其对各行各业的影响和赋能。

正是因为大数据的强大功能，今天的互联网公司才能得到蓬勃发展，而大数据也正在其他领域发挥着积极的作用，推动和助力工业、商业、农业、医疗、教育等行业智慧高效地运行。

数据是今天整个新商业文明的核心要素。大量数据出现之后，我们可以利用这些数据训练机器、训练算法，让它们获得智能，代替人类去做更多的事情。所以，笔者认为人类即将进入一个全新的智能社会。数据，是智能的母体基础，是新商业、新经济的土壤。

目 录

C O N T E N T S

# 第一章 云时代与大数据

# 第一节 "云"与云计算

## 一、"云"及其产生的背景

近些年，随着计算机及信息科技产业的发展，"云"开始出现并融入各行各业，如云思维、云营销、云原生、阿里云、百度云、云优先等，简直就是无所不用其"云"。

虽然有各种称谓的"云"，但"云"与"云"又有不同。例如，大家熟悉的网盘，现在都改称作云盘。百度云是网盘，而阿里云不是网盘，它是一个提供IT互联网技术资源的平台;天翼云是网盘,但是有一个也叫作"天翼云"的,提供的服务跟阿里云类似。现在政府牵头的"云"也特别多，如各级"政务云""公安云""消防云""农业云"等。这些不同名称的"云"，让我们云里雾里,不知道究竟如何给"云"定义,让很多人认为,"云"就是"高大上"，就是"潮流"，就是"新技术"。

如果要把"云"说得通俗易懂，"云"其实就是服务,更准确地说,就是"按需供给"的服务。举个最简单的例子：我们使用的自来水就是一个"按需供给"的服务。安装了自来水的人，只要有用水的需求，打开水龙头，水就会"自来"。我们只负责喝水，并不用关心水是从哪里来的、怎么来的，背后使用了什么技术过滤水、增压水，以及水网是怎么样的等。

云计算也一样。大部分使用者只要按需使用即可，并不需要关心"云"是什么，或者"云"的背后有什么。从使用者的角度可以认为："云" = "自来"。云服务一般分为软件即服务（SaaS）、平台即服务（PaaS）和基础设施即服务（IaaS），如图 1-1 所示。

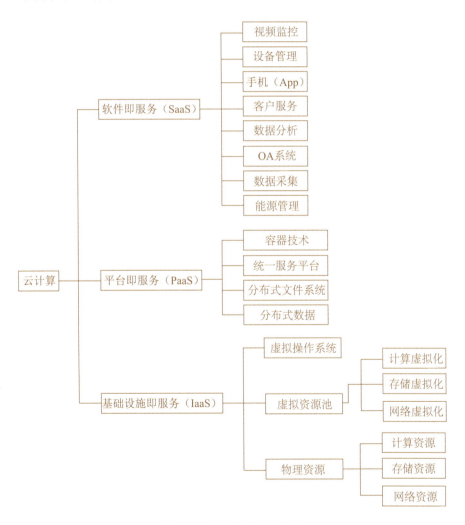

图 1-1 云服务的三种常见形式

那么，"云"是在怎样的背景下产生和发展的呢？我们不妨从以下思路开始理解。

在传统模式下，企业要想建立一套完整的 IT 系统，不仅要购买硬件等基础设施，还要购买软件许可证，更离不开专职人员的维护；企业规模扩大时，为了满足需要，还要继续对各种软硬件设施进行升级。对于企业来说，计算机并不是他们真正需要的，只是一种完成工作的工具；对于个人来说，如果想正常使用计算机，就要安装许多软件，而有些软件是收费的，如果仅仅是偶尔使用，就非常不划算。那么，能否出现一种服务来为我们提供所需要的软件？如此，需要时，只要支付少量租金，就能拥有这些软件服务，从而减少资金投入。

如果用"自来水"来比喻"云"服务系统，就可以这样理解：虽然我们每天都要使用自来水，但并不是每家都要挖一口井，而是由自来水厂统一提供。同样，生活中到处都要使用到电，但并不是每家都要自备发电机，而是由电厂集中提供……这种模式不仅节约了资源，还方便了我们的生活。其实，对于计算机引发的生活问题，同样可以像水和电一样，只要将计算机资源充分利用起来，云计算自然也就出现了。

过去，为了完成某项任务，我们可能会将其交给一台计算机，任务小，就用小计算机；任务大，就用大计算机。而如今，我们完全可以将一项任务交给一堆计算机，由它们共同协作完成。这一堆计算机的工作状态犹如一台超级计算机，如果把一台计算机看作一滴水，那么一堆计算机就是一片云，云计算需要解决的问题是：如何让一堆计算机像一台大计算机一样工作；如何才能根据需要添加新计算机，提高大计算机的计算能力。

其实，云计算就是一种以互联网为媒介的超级计算模式，在远程的数据中心，众多计算机和服务器连接在一起，成为一片计算机云。用户完全可以通过计算机、手机等方式接入数据中心，租用这些数据，供自己所用。也就是说，计算能力也可以像商品一样进行流通，方便取用，价格不高。只不过，它是通过互联网进行传输的，具有一定的革命性。

互联网时代，这种革命是互联网应用取得突破的关键：同传统通信相比，在信息传输网上，互联网前向增加了信息采集（即传感网）、后向增加了无限的信息处理环节，有利于庞大数据的处理。未来，只要使用一台计算机或一部手机，就可以通过网络服务来实现需要的一切，甚至包括超级计算。

从这个角度来说，用户也就成了云计算的真正拥有者。

## 二、云计算及其特征

云计算是传统计算机和网络技术发展融合的产物，如分布式计算、并行计算、效用计算、网络存储、虚拟化、负载均衡、热备冗余等。早期的云计算，就是一种非常简单的分布式计算，解决了任务分发的问题，只要将计算结果合并在一起即可。

曾经，云计算还有一个别名——网格计算。早些年，有些大企业之所以会使用网格计算，可能只是为了解决效率与计算问题，后来它们发现外部也能使用云计算，便出现了公共云计算，也就是把计算机的计算能力直接放在网上进行售卖。

如今，对于云计算的定义都太复杂，其实只要使用一句话就足够：通过网络以自助服务的方式获得所需的 IT 资源的模式。云计算有三个关键点：获取路径——通过网络；获取方式——自助服务；获取对象——IT 资源（包括但不限于计算能力、存储能力、带宽、域名系统等）。

云计算不仅仅是一种技术，而是多种传统 IT 技术的整合，更是一种管理运营模式。传统的 IT 工程师都可以往云计算方向转型。以普通人视角来看，云计算跟当初的互联网一样，都经历了"窄带—宽带—无线互联"的演变路径，云计算就是从传统的 IT 业务演变而来的。

云计算的出现，主要还是源于互联网的飞速发展，特别是社交网络及移动互联网的急速发展让每天产生的数据呈指数型增长，随着需求的不断增长，网络和网络服务也出现了持续增长，从而让网络数据和流量激增。

随着信息与数据的不断增加，在科学、工程和商业等领域都需要处理海量数据。采用传统基础架构，要想实现系统的可扩展性，不仅需要加大硬件投入，还要面对电量不足、空间不够、服务器容量有限等问题，为了解决这些问题，就要对传统基础架构进行扩展。

面对存储数据的急剧膨胀，为了节省更多的成本、实现闲置资源的再利用、联机处理海量信息、提升系统的可扩展性，云计算的概念自然也就被提了出来。概括起来，云计算主要有下面几个明显特征。

（1）呈大规模分布式。云计算规模非常庞大，Google 云计算、Amazon、IBM、微软、阿里云等知名的云供应商，服务规模都多达数百万。"云"以分布式服务器为基础，能够为使用者提供绝无仅有的计算能力。只要身边存在网络，都能直接用手机、计算机等设备跟"云"进行链接，该计算能力的网络接入非常宽泛，通过网络，能够给用户提供很多服务。用户可以在任何时间和地点使用已有资源或购买所需的新服务。

（2）虚拟化可实现资源共享。云计算采用的是一种虚拟化技术，用户只要选择一家云服务提供商，注册一个账号，登录到云控制台，就能购买自己需要的服务，如云服务器、云存储、CDN（内容分发网络）等，经过简单的配置之后，可以通过自己的应用向外提供服务，方法简单，操作方便，还能随心所欲地用个人计算机或移动设备来控制自己的资源。

（3）具有弹性，可动态伸缩。利用云计算，用户就能随时随地访问需要的服务；同时，用户的系统规模变化时，还能根据用户的需求对系统做出相应的调整，如硬件配置、网络带宽、存储容量等。云计算不仅具有可动态扩展和配置特性，知名的云计算供应商还会用数据多副本容错、计算节点同构可互换等方法来保障服务的可靠性。

云服务的应用可以持续对外提供全天候服务，为了满足应用和用户规模增长的需要，"云"的规模还可以进行动态伸缩。

（4）按需付费，更加经济。在"云"的资源池中，用户不仅可以像公共资源一样来购买自己需要的应用和资源，还可以购买自己需要的其他服务，甚至按使用量来进行精确计费。如此，不仅能节省 IT 成本，还能显著改善资源的整体利用率。

（5）安全系数高。如今，网络安全是所有企业或个人创业者必须面对的问题，企业或个人都无法应对来自网络的恶意攻击，如果将"云"服务充分利用起来，就能借助专业的安全团队来有效降低风险，安全性更高。

### 三、支撑云计算的五大关键技术

在正式讨论云计算技术之前，先要了解一下摩尔定律。

摩尔定律由英特尔（Intel）创始人之一戈登·摩尔（Gordon Moore）提出，该定律认为，只要价格不变，集成电路上可容纳的元器件数量每隔 18 ~ 24 个月就会增加一倍，性能则是原来的一倍。也就是说，只要花 1 美元购得计算机性能，每隔 18 ~ 24 个月，就会翻番。

过去的二十多年，PC（个人计算机）产业的发展都离不开技术的推动，云计算时代的到来，让一切回归本源。云计算时代，多数计算都在"云"中完成，用户终端得到了解放，对终端计算能力的要求相应降低，推动 PC 产业前进的摩尔定律逐渐失去了魔力。

云计算时代，人们渐渐发现，只要使用一个性能普通的终端，就能满足日常需求。在"云"时代，只要使用一个简单开放的 Linux 操作系统、缓慢的 CPU、256MB 内存、少于 10GB 的硬盘，就可以满足人们的日常需要了。多数计算都在"云"中完成，性能强大的 PC 已经失去了存在的意义，"云"时代终端设备的代名词将变为能够上网、开放和廉价。所以，手机上网也就逐渐代替了计算机上网。

云计算改写了摩尔定律的运行法则，那么云技术的核心技术又是什么呢？云计算系统运用了多种技术，但其中有几个核心技术。确切地说，云计算是大规模分布式计算技术及其配套商业模式演进的产物，它的发展主要有赖于虚拟化、分布式数据存储、数据管理、编程模式、信息安全等各项技术、产品的共同发展。

1. 虚拟技术

在云技术中，虚拟技术是重要的核心技术之一，主要为云计算服务提供基础架构层面的支撑，驱动着 ICT（信息通信和技术）服务快速走向云计算。

使用虚拟化技术，软件应用与底层硬件就会隔离开来，既包括裂分模式（将单个资源划分成多个虚拟资源），也包括聚合模式（将多个资源整合成一个虚拟资源）。

根据对象的不同，可以将虚拟化技术分成存储虚拟化、计算虚拟化、网络虚拟化等，而计算虚拟化又分为系统级虚拟化、应用级虚拟化和桌面虚拟化。

虚拟化共有两种应用模式：一种是将一台性能强大的服务器虚拟成多个独立的小服务器，为不同的用户提供服务。第二种是将多个服务器虚拟成一个强大的服务器，实现特定功能。两种模式的核心都是统一管理、动态分配资源和提高资源利用率，在云计算中，两种模式的应用都比较多。

2. 编程技术

从本质上来说，云计算是一个多用户、多任务、支持并发处理的系统。其核心理念是高效、简捷和快速，能够通过网络把强大的服务器计算资源方便地分发到终端用户手中，降低成本，为用户带来良好的体验。

目前，MapReduce 是云计算主流并行编程模式之一，由 Google 开发的 Java、Python、C++ 编程模型，是一种简化的分布式编程模型，还是一种高效的任务调度模型，可以被用于大规模数据集（大于 1TB）的并行运算。

严格的编程模型能让云计算环境下的编程变得异常简单。所谓

MapReduce 模式，就是将打算解决的问题分解成 Map（映射）和 Reduce（化简）等方式，通过 Map 程序将数据切割成不相关的区块，分配（调度）给计算机进行处理，然后用 Reduce 程序将结果进行汇整和输出。

3. 存储技术

云计算涉及的数据众多，使用分布式数据存储技术，就能将数据存储在不同的物理设备中，提高扩展性，即使是海量数据，也能快速、高效地处理，更好地满足用户需求的变化。

目前，比较重要的云计算存储技术主要有两个：一个是 Google 开发的 GFS;另一个是 Hadoop 团队开发的 HDFS 技术。当然,使用最广泛的还是后者。

（1）GFS 是 Google File System 的简称，该存储技术开源扩展，分布式呈现，硬件价格比较低，提供了足够的容错功能，主要应用于分布式的数据访问。

（2）HDFS 是 Hadoop Distributed File System 的简称，即分布式文件系统，由多个存储数据的终点和管理节点构成。中心服务器是 namenode，在每个节点上，都对应一台普通计算机。

4. 管理技术

云计算对海量数据进行处理和分析时，要使用两个数据管理技术：一个是 Google 开发的 BT（Big Table，分布式数据存储系统）；一个是 Hadoop 团队开发的开源数据管理模块 HBase。这里重点说一下 BT。

BT 是一个大型分布式数据库，以数据为研究对象，绘制成一个大表格，将大规模结构化数据存储下来。在 Google 上，很多项目都是用 BT 来存储数据的，如网页查询、Google Earth 和 Google 金融。只不过，应用程序不同，要求也不同，服务方式灵活多样。

5. 平台管理技术

云计算资源规模庞大，服务器数量众多，分布在不同的地点，数百种应用同时运行，必须有效地管理这些服务器，让整个系统提供不间断的服务。云计算系统的平台管理技术，能够让众多服务器协同工作，及时进行业务部署，快速发现和恢复系统故障，通过自动化、智能化等手段，保证大规模系统的可靠运营。

**四、云计算与网格计算及传统超级计算机的区别**

要想知道云计算与网格计算及传统超级计算机三者的区别，首先要搞清楚它们各自的概念。

1. 云计算

云计算是用计算机集群构成的一个数据中心，会通过服务的形式交付给用户，用户可以按需购买云计算资源。

通过上面的介绍可知，三者之间的区别就在于：

云计算是弹性的，能够根据工作负载大小动态分配资源，而部署于云计算平台上的应用则需要适应资源的变化，并根据变化做出响应。

跟强调异构资源共享的网格计算相比，云计算更强调大规模资源池的分享。

云计算要考虑经济成本，硬件设备、软件平台等设计不再追求高性能，需要将成本、可用性、可靠性等因素充分考虑进去。

简而言之，云计算、网格计算以及传统超级计算机并没有任何内在的联系。网格计算虽然一直都处于发展中，但它和云计算的出现并没有直接关系。作为一种面向特殊应用的解决方案，网格计算将会继续存在于某些领域；云计算作为一场 IT 变革，则会对整个 IT 产业和人类社会产生深远影响。

2. 网格计算

从本质上来说，网格计算就是以有效的方式来利用组织中的异构耦合资源。网格计算是跨地区、跨国家、跨洲的，是一种独立管理的资源结合。

资源不是统一布置、统一安排的，它们都是异构的，不强调统一安排。而网格计算是一种聚合分布资源，支持虚拟组织，能够提供高层次的服务，更多地被用于科研实验室中。

网格计算的焦点是支持跨管理域计算的能力，借助网格计算技术，服务器、存储系统和网络联合等就能被联系在一起，组成一个庞大的系统，为用户提供功能强大的多系统资源，对特定的任务进行处理。

3. 传统超级计算机

如果所处理的资料众多且需要高速运算，普通计算机就应付不了了，但传统超级计算机却能解决这个问题。传统超级计算机的构成组件跟个人计算机相似，只不过规格与性能要强大许多，是一种超大型电子计算机，可以将一个需要巨大计算能力才能解决的问题分成众多小部分，并分配给多台计算机进行处理，最后得到最终结果。

如今，世界上很多计算机都有闲置计算能力，借助互联网，不仅能对外太空的电信号进行分析，探索到可能存在的外星智慧生命；还能发现并找到能够与艾滋病病毒抗衡的有效药……这些项目都很大，涉及大量的计算，仅凭个人计算机根本无法完成，必须借助超级计算机。

## 第二节　大数据及其应用

### 一、大数据的概念

大数据（Big Data）是一个已经存在了很长时间的术语，但是它究竟为何物？许多人仍然搞不清楚。如今，该概念正在不断演变，人们也对它进行了重新考虑，因为它仍然是许多企业进行数字化转型的驱动力，包括人工智能、数据科学和物联网等。大数据模型如图 1-2 所示。

图 1-2　大数据模型

关于大数据，百度百科是这样定义的：无法在一定时间范围内用常规软件工具进行捕捉、管理和处理的数据集合，是需要新处理模式才能具有更强的决策力、洞察发现力和流程优化能力的海量、高增长率和多样化的信息资产。

大数据的规模非常大，获取、存储、管理、分析等能力均远超传统数据库软件，由于数据众多、流转极快、类型多样、价值密度低，要想有效处理这种数据，就要采取特殊的技术，如数据挖掘、分布式文件系统、分布式数据库、云计算平台、互联网和可扩展的存储系统。

从技术角度来说，大数据与云计算有着密切的关系。大数据无法用单台计算机进行处理，必须采用分布式架构，依托云计算的分布式处理、分布式数据库和云存储、虚拟化技术，能够对海量数据进行分布式数据挖掘，这也是云计算的最大优势。

使用大数据，我们能做些什么呢？举个例子：在淘宝网购买商品时，我们一般都会先浏览很多店铺，选中自己心仪的物品，然后才会下单购买。这就是网络购物的基本过程，而在该过程中，网站就会将我们的浏览痕迹、购买信息都记录下来，进行针对性分析，比如，用户想要购买哪类产品？什么产品销售火爆？用户喜欢买什么？哪个商家盈利高？最终挖掘出有潜在价值的信息。

例如，小明到书店十多次，却没有买书。传统数据解释的问题是他第十一次买不买书，也就是业绩和经营指标的问题；大数据要回答的是他第十一次会买什么书？为了使小明成功购买书的概率提高，需要将哪些类型的书推荐给他？

大数据的基本概念就是管道设施的一种。大数据为消费者或商业用户体验提供了动力，但它的核心是企业技术，如数据库、数据分析等，这些都是在后端运行的，没几个人能看得见。大数据的成功不是在于实现技术的某一方面，而是需要把众多技术、人和流程糅合到一起。

简而言之，所谓的大数据就是数据量很大。例如，大公司的文件只有同时运用几千台服务器才能存储起来，而运用分布式存储技术，就能将同一份文件分别存储在三台不同的服务器上。一旦某台服务器发生故障，另外两台服务器依然能继续工作并迅速备份，能够保证三台服务器同时为一份文件而工作。

云计算服务器的出现，为大数据的运行提供了轨道，保证了其价值真正能实现。如果将各种大数据的应用比作多辆汽车，那么支撑汽车运行的高速公路就是云计算。这里，最著名的实例就是 Google 搜索引擎。

面对海量的 Web 数据，Google 首先提出了"云计算"的概念，支撑公司内部各种大数据应用的就是自行研发的云计算服务器。依托云计算的分布式处理、分布式数据库和云存储、虚拟化技术，采用分布式架构，就能对海量的数据进行分布式挖掘、存储和分析，而这也是大数据最核心的价值。

## 二、数据赋能的任务

大数据，顾名思义，最重要的就是数据。但数据在哪里呢？这是大数据框架要搞清楚的第一个问题。因此，数据赋能的任务，首先是要做好数据的采集。任何一个企业，要想抓住大数据的机遇，都要做些有针对性的工作，才能体现出数据赋能的价值，如数据的收集、洞察和应用。

在企业的大数据框架中，最重要的是大数据的原始数据采集层，主要包括三个层次：首先是用户，它在最外层；其次是公司运营中能够产生数据的业务应用系统，如 ERP（企业资源计划）、CRM（客户关系管理）、SCM（供应链管理）、OA（办公自动化）等企业应用软件，以及网站、App、社交网络、电商平台等；最后是数据的采集平台。

所谓"互联网+"，其实就是实现与用户的连接。那么，如何才能成功地与用户实现连接呢？重要表现之一就是收集与用户相关的数据并实现管理。

互联网时代，数据大爆炸，数据的类型也异常复杂，包括结构化数据、半结构化数据和非结构化数据。其中，最常见的就是结构化数据，即具有模式的数据。数据采集是大数据分析的入口，常用的数据采集方法有传感器、日志文件和网络爬虫。

（1）传感器。传感器一般包括声音传感器、温湿度传感器、距离传感器、电流传感器等，具体工作过程是：将测量值转化为数字信号，传送到数据采集点，让物体有了触觉、味觉和嗅觉等感官，物体就能慢慢活络起来。

（2）日志文件。通常，日志文件数据由数据源系统产生，主要用来记录数据源的执行操作活动，如网络监控的流量管理、金融应用的股票记账和 Web 服务器记录的用户访问行为等。

（3）网络爬虫。网络爬虫指为搜索引擎下载并存储网页的程序，是搜索引擎和 Web 缓存的主要数据采集方式。通过网络爬虫或网站公开 API（应用程序接口）等方式，就能直接从网站上获取数据信息，主要支持图片、音频、视频等文件或附件的采集。

完成了数据采集后，需要对数据进行分析和洞察，分析出隐藏在数据后的消费习惯。采集大数据，对客户的消费行为进行细分筛选，了解客户的需求，对下一步消费计划进行预测，就能制订相应的营销策略，满足客户的需求。例如，把数据仓库的数据和分析结合在一起，使用分析技术和工具，挑选出具有商业价值的数据，就能通过 BI（商业智能）迅速扩大商业价值；让使用者对数据进行分析，就能迅速地看到分析结果，及时进行决策。如此，研发报表就不用花费太长时间，从而提高数据分析部的工作效率。

未来，为了拥有大数据资产，企业必须具备一定的商业洞察力、决策力与行动力，还要拥有自己的数据，掌握数据的所有权。这是未来数字企业的核心。失去了对数据的所有权，所谓的大数据就会变成空中楼阁。

完成了数据采集、分析和洞察以后，最后就要落实到应用。对于移动互联网企业来说，一套完善的大数据解决方案，不仅能帮助其提升运营等能力，更能帮助企业从用户留存、用户活跃，以及收入变现等方面实现全面增长。

大数据的应用范围异常广泛，只有将收集到的数据进行分析整理，才能将数据资料的价值最大化。大数据时代，企业面对的已经不再是数据技术能力的投资，而是数据产品的应用，只有快速、高效地挖掘数据化运营的价值，才能推动业务的快速增长。

### 三、大数据的战略意义

对大量、动态、能持续的数据，运用新系统、新工具、新模型等进行挖掘，获得具有洞察力和新价值的东西，就是大数据。

过去，面对庞大的数据，我们都无法了解事物的真正本质，在科学工作中只能得到错误的推断；大数据时代，所有的真相都会直接展现在我们面前。

大数据技术的战略意义并不在于收集了多少数据，而是如何处理这些数据，让这些数据产生新的价值，得到更广泛和精准的运用。换句话说，如果把大数据比作一种产业，那么这种产业实现盈利的关键就在于提高对数据的加工能力，通过加工，实现数据的增值。

随着资源整合和产业链的拓展，大数据应用正在成为新的经济增长点，逐渐在智能家居、智能制造、智慧出行、智慧医疗、互联网金融等领域中找到用武之地。

在互联网商业环境下，数据带来的竞争力并不是数据本身，而是企业对数据的驾驭能力，只要控制了数据，也就有了话语权。由此，数据管理也就成为核心竞争力，直接影响着企业的财务表现。只要"数据资产是企业核心资产"的概念深入人心，企业对于数据管理也就有了更清晰的界定，企业数据管理的核心就是：将数据管理作为企业核心竞争力，持续发展，战略性规划与运用数据资产。

如今，各行各业都在积极推动和使用大数据，通过大数据的采集整理、分析洞察以及垂直应用，吸引更多的人来关注和参与。目前，一些企业对大数据的应用已经取得了一定的成绩，如广告的精准定向推送、云营销等都精准地运用了大数据；而对于中国传统行业，大数据必然会给整个行业的效率带来极大的提升。

当然，大数据时代才刚刚开始，还需要做很多前瞻性的思考。例如，从物理角度进行审视和规划，做好数据的收集、存储、处理、传输和共享；从数字产品生产角度，研发出合适的分析工具，使用最佳的软件平台，选择最优的环境等；从使用角度，引进与培养人才，训练多项技能，形成大数据思维。

## 第三节　云时代背景下，数据为王

### 一、大数据的威力：能量超乎你的想象

通常意义所说的"大数据"并不是数据特别大，而是这样的大数据有别于传统数据，它丰富了数据的维度。说得直白一些，大数据就是打通了数据维度的"任督"二脉，让数据立体化起来。这种立体能够使数据更具广度和深度，甚至形成一个无形的能量，用于各行各业。

例如，发行信用卡的银行只要对客户信息进行追踪，就能在第一时间发

现客户的资金异动，并向客户发出警示；能源公司只要对气象数据进行分析，就能参考得到的结果，轻松选定风轮机的安装地点；使用大数据管理交通，市区的拥堵时间就会减少一半……

另外，我们每个人也都与大数据息息相关。例如，手机可以记录你的旅行轨迹和速度；手机数据能够让别人知悉你居住和工作的所在地；信用卡公司可以获悉你的购物清单，而且你的购物清单和购物地点还会影响你的信用积分；信用卡公司可以从购物数据中判断你是否处于信用危机当中；商家可以获悉你所钟爱的品牌有哪些，它们会收集你的购物习惯和偏好等方面的数据，为你推送或提供个性化的网站浏览体验和定制化的优惠券服务……这些都与大数据有着千丝万缕的关系。

在没有大数据的过去，要想了解更多的信息需要花费太多的时间和金钱，如今，信息收集渠道众多，内容也更丰富，如国家 GDP 增速如何，淘宝"双十一"销售了多少等。

说起大数据的威力，下面有一个案例。

百度曾经发布过统计结果——中国十大"吃货"省市排行榜。百度既没有做民意调查，也没有对各地的饮食习惯进行研究，仅借助"百度知道"中 7 700 万条与吃有关的问题，就得出了一些结论。举几个例子：

问题："×× 能吃吗？"

福建、浙江、广东、四川等地的网友，最常问的是"××虫能吃吗"；

江苏、上海、北京等地的网友，最常问的是"××的皮能不能吃"；

内蒙古、新疆、西藏等地的网友，最关心的是"蘑菇能吃吗"；

宁夏的网友，最关心的是"螃蟹能吃吗"；

……………

百度所做的这件事，就是大数据的典型应用：首先，数据众多，问题多达 7 700 万个，答案更是数不胜数；其次，数据的维度非常多，如美食的做法、吃法、成分、营养价值，以及价格等，而且不是明确给出。经过努力挖掘，加工和整理数据，便得到了有意义的统计规律，如不同地域的居民饮食习惯。

大数据的威力由此可见一斑！

当然，大数据应用的领域也很广泛，如天文学、大气学、交通运输、基因组学、生物学、互联网文件处理、金融大数据、医疗大数据、社交网络、医疗记录等。随着大数据的不断发展和完善，相信未来的大数据会展现出更大的威力，使用空间也会更开阔。

## 二、漫步"云"端：生活变得不一样

曾经看到过这样一则笑话：为了把家里的文件复制到公司的计算机里，某员工在自己的家用计算机上按了 Ctrl+C（"复制"快捷键），在公司的计算机上按了 Ctrl+V（"粘贴"快捷键）。

在人们还不认识"云"的时代，这个故事确实是个笑话。但进入移动互联网的云计算时代，通过云存储，完全可以这样做！云数据模型如图 1-3 所示。

图 1-3　云数据模型

云计算的最终目的就是要将个人计算机放到互联网中，让你能够在任何时间、任何地点做任何与计算机相关的事，而且不用随身带着笔记本或者 U 盘，因为你需要的所有数据、软件都在"云"中。从这个意义上来说，只要漫步"云"端，要什么有什么，要多少有多少。

不管是对企业，还是对个人，"云"早已渗透到了我们的工作和生活之中。使用"云"，企业可以提高灵活性，降低成本，提高竞争力；个人则可以更便利地生活，如不用为了交电费而跑银行，子女从幼儿园就有了"云成长档案"，教育更有针对性。

信息技术的出现，给人类带来了革命性影响。在这场持续数十年的科技革命中，互联网成为其中的佼佼者。自 1969 年互联网诞生至今，其应用早已改变了人类的生产和生活；背后，以云计算为代表的一系列技术，都在为庞大的互联网应用提供支撑。

目前，个人计算机依然是工作和生活的主要工具，如用个人计算机处理文档、存储资料、发送电子邮件，以及用 U 盘下载信息等。一旦计算机硬盘发生了损坏，资料就会丢失，对相关知识不了解的人就会感到束手无策。而在云计算时代，借助"云"，就能做好存储和计算等工作。

这里所谓的"云"指的是计算机群，每个群都包括几十万台甚至上百万台计算机。使用"云"技术，计算机随时都能进行数据更新，只要一台能够连接网络的设备，如计算机或手机等，就能快速地计算和找到这些资料，再也不用担心丢失资料了。也就是说，借助"云"，就能找到海量的资料，存储空间也无限大。

云计算是物联网实现的重要核心技术之一，通过"云"，整合网络，充分利用各类资源，人们只要花费低廉的费用，就能享受到方便的服务。例如，在出门之前，就可将汽车启动，开出车库；回到家之前，将家里的暖气打开；去机场坐飞机，可以提前预知路上要花费的时间，避免晚点或过早到机场……云计算给我们的生活带来了巨大的变化，只有想不到的，没有做不到的。

同样，当大数据搭上云计算，一切皆有可能，生活会发生切实的改变。

### 三、趋势：大数据与云计算深度结合

近年来，大数据和云计算被应用在越来越多的场合，从普通百姓家到大型互联网IT公司及各类统计机构,大数据和云计算同各行业开始了深度融合。

大数据与云计算的关系非常密切。例如，大数据无法用单台计算机进行处理，必须采用分布式计算架构，虽然能够挖掘海量数据，但需要依靠云计算的分布式处理、分布式数据库、云存储和虚拟化技术。简而言之，二者的关系就是：云计算技术是一个容器，大数据是放在容器中的水，大数据要依靠云计算技术进行存储和计算。

如今,对大数据的处理和分析已经成为新一代信息技术融合应用的节点。移动互联网、物联网、社交网络、数字家庭、电子商务等新信息技术应用形态的出现，产生了大数据，云计算就为这些大数据提供了存储和运算平台。对不同来源的数据进行管理、处理、分析与优化，然后将结果反馈到上述应用中，就能创造出巨大的经济价值和社会价值。

云计算为大数据提供了一定的基础设备，可以助力大数据的产生。从2013年开始，大数据就与云计算实现了联合，未来二者的关系可能会更加密

切。此外，随着物联网、移动互联网等新兴计算形态的出现，大数据革命会更顺利地进行，扩大大数据的影响力。

云计算是基础，没有云计算，无法实现大数据存储与计算。大数据是应用，没有大数据，云计算就缺少了目标与价值。两者都需要人工智能的参与，人工智能是互联网信息系统有序化后的一种商业应用，是云计算与大数据真正的出口。

通过大数据对大量数据进行处理，就能得到一些关联性结论，继而从中得到答案，从这个意义上来说，大数据就是商业智能的一种工具。大数据要对大量数据进行分析，这就对系统的计算能力和处理能力提出了极高的要求，仅用一个超级计算机来处理，必然会出现这样的场景：计算能力在不忙的时候闲，忙的时候又不够。

云计算的弹性扩展和水平扩展的模式正好满足了计算能力按需调用的要求，云计算自然也就为大数据提供了计算能力和资源等物质基础。

在快速变革的信息时代，大数据和云计算不仅会带来生活和工作模式的改变，还会以更多的方式来体验和使用数据。我们相信，在不远的将来，大数据和云计算必然会更加深入地结合在一起，成长为一种产业，为客户提供更有价值的数据信息和服务。

# 第二章 | 大数据与国家战略

# 第一节 大数据对社会文明的影响

## 一、大数据改变了人们的生活方式

在大数据时代，当文字和书写、地理位置、沟通方式，甚至表情、体重、情绪等一切都被数据化时，数据就从最基本的用途转化为未来的潜在用途，成为最大的生产资料，成为像水、电、石油一样的公共资源。

如今，我们正在经历一场由大数据引发的社会革命。生活中的一切活动，如购物、对话、社交、移动，甚至身份和身体的变化都会成为信息收集、存储、分析和使用的对象。多样化的数据和巨大的数据量已经开始对社会和公民隐私产生了深远影响，让人们的生活方式发生了巨大改变。

处在这个时代，我们既是数据的消费者，又是数据的生产者。不管是智能手机，还是各种终端设备，都在产生并上报我们的日常行为数据，几乎我们的每一个行为都在被"数据"所监控。同时，我们的行为又时刻受到"数据"的影响，无论是资讯类网站的咨询和搜索，还是购物类平台的推送与信息，都在针对我们的行为特性，影响着我们的生活。

今天，数据已经渗透在我们生活的方方面面，如出行、家居生活、医疗健康、学习工作等，人们的生活就此改变。

1. 出行是运用大数据最多的地方

如今，只要输入自己想去的旅游地点和行程要求，大数据就能自动地帮我们找到最合适的旅游行程；只要与在线旅游服务成功对接，就能提供最优的出行交通方案，完成旅游出行的行程安排，节约旅游成本，提高出行效率，甚至可以知道公交车的到站时间、乘客人数等，便于更精准地安排出行时间。

2. 日常家居越来越智能化

大数据的运用，让日常家居变得越来越智能化。只要使用云计算服务，就能在任意时间和地点对家中的智能家居进行控制。经过大数据计算，得出家居的舒适温度和湿度，就能远程控制和调节；依靠大数据，冰箱就能自动识别食物的剩余量，在存量不足时自动提示补充食物；在厨房中装上摄像头，就可以获取食物数据，用大数据对食物的能量进行分析，制订出科学的健康食谱。

3. 健康问题会得到更好的解决

过去，为了找到能够治病的好医生，边远地区的人必须千里迢迢地去大城市，疲累感自不必说。如今，只要借助大数据，就能直接跟网络医生和专家进行在线联系，咨询相关事宜。直接在网上看化验单、开药方，既能省去患者和家属车马劳顿的辛苦，还能缓解优质医院的压力。

另外，给父母购买智能化设备，父母的血压、血糖等测量数据会自动传送给儿女，即使身在外地，儿女也能通过远程上传的数据了解父母的健康情况，便于尽早发现异常和及时救治。

4. 工作不受地域限制

有些工种不再受地域和办公室的限制，同事之间能够随时随地进行视频会议，就工作问题展开讨论；有了各种 App，只要手机在手，任何地点都可以打卡，共享资料。另外，借助大数据分析，管理者也会更轻松。从获取招聘信息，到流程管理、绩效、薪酬、员工关系，以及培训等各模块，用系统记录所有 HR（人力资源）和员工的行为和信息，就能获取海量的信息资源。

过去，对于很多问题的解答，主要依赖于少数人力资源管理人员的专业经验，比如什么人适合加入团队、绩效不错的员工有什么特征、不同岗位的薪酬标准如何……这种回答一般都不全面，缺少有力的数据证据，再加上管理人员自身的流动性和专业性，根本就无法满足人力资本效率提高的要求。使用大数据，就能全面地对各种数据进行分析，提高工作效率。

5. 更好地规划家庭开支

举几个例子：通过提前预警和在线自动支付，就能及时给信用卡还款，交纳手机费及水、电、天然气费用等，保障我们的生活不受影响；根据各金融机构提供的理财产品，可以自动计算出最合理的理财购买计划，如此，不仅能让资金收益最大化，还能保障家庭的正常开支不受影响，提升家庭的生活质量。

随着大数据的不断发展，我们的衣食住行定然会发生巨大的改变。未来，大数据的身影依然会围绕在我们周围，虽然我们不知道大数据最终会将人类带到哪种形态，但大数据变革依然在进行。

### 二、社会经济发展有了新的思路

大数据作为一种基础性资源，已经在不知不觉中渗透到了人们生活的各个领域，改变了人们的生活，推动各行业转型。依托大数据创新商业模式，就能用新思路、新方法、新措施等实现融合发展，用大数据解决交通、教育、医疗等问题，只要能开发好、运用好、管理好各类数据资源，就能享受到数据带来的福利。

今天国家经济的发展，已经不是重点关心"存在的问题"，而是应该关心"未来会发生什么"。尤其是数字经济时代，未来的经济发展要用新的思路，即大数据思路，将思路仅集中于"现有的问题"思考，一定会停滞不前，无法讨论关于未来的问题。用原有的线性思维去思考"有问题就要解决"，并不能得到理想的结果，大数据时代"有问题就解决问题"不是最重要的，最重要的是如何为未来做准备。

互联网的出现，给传统的经济规则带来了冲击和重构，网络效应告诉我们：只要建立一个通信网络，越来越多的用户加入并使用它，该网络的价值就会越来越凸显。

在数字经济中，网络效应首先解决了"公地悲剧"的经济学难题。所谓公地悲剧，就是一块共用的地方，如果所有人都在使用，就会变得毫无价值。而网络效应产生了"公地喜剧"，意思是网络的用户数量越多，该网络就越值钱。

网络的价值是由用户共同创造出来的，用户只要创造了价值，就能得到一定的价值补偿（回报）。这一点，在大数据上得到了很好的体现。那么，网络效应带来的价值是由谁创造的？网络效应，多数价值都是由用户自己创造的，与公司关系不大。既然该价值是由用户创造的，就要将创造的价值还给用户，大数据要立足于经济，为经济服务。

数字时代最大的变革是：如何让普通用户获得更方便的使用体验，如何跟企业的传统系统实现对接，如何激发各行各业甚至整个社会的创新与颠覆。随着互联网、云计算、大数据等新技术的发展，数字经济异军突起，成为引领科技革命和产业变革、带动经济增长的重要引擎，甚至成为影响全球竞争格局的核心力量，发展数字经济已成为培育发展新动能、促进新旧动能转换的必经之路和战略抉择。

### 三、给公共事务管理带来新的方向

现代社会管理任务复杂繁重，数据采集设备的大量使用，让人们在社会活动中形成了海量、多维、真实的数据，为政府加强社会管理提供了有利条件。

大数据的采集和分析，可以应用在公共事务管理的各个方面。例如，交通管理、疾病防控和环境保护等。

在交通管理方面，例如，2016 年 12 月，杭州市政府和阿里巴巴集团一起打造了杭州"城市数据大脑"交通治堵项目，充分整合城市各类交通关联数据，借助云计算、大数据、人工智能等前沿技术，通过对城市交通运行的实时感知、分析和预警，以及机器智能对交通管理人工经验的提取、学习和固化，为城市交通治理提供全面的辅助决策依据，取得了显著的治堵效果，试点道路平均延误时间也明显下降。

在疾病防控方面，一个经典的案例是，Google 公司的工作人员对特定词条被检索的频率和流感疫情传播之间的关系进行了研究，认真分析了数亿个不同的数据模型，最终找到一个预测精度很高的模型，得到了与政府疾病控制中心调查相近的结果，大大节省了时间。

在环境保护方面，例如，2016 年 6 月，无锡环境监控物联网应用示范项目试运行，以"全面感知、标准引领、平台支撑、智慧应用"为主线，对水体、大气、土壤、噪声、放射源、危险品、废弃物等典型环境载体进行了监视，不仅了解了全市的环境质量要素、污染排放要素和环境风险要素，还进行了动态监控和科学解析。

当然，大数据的出现和运用，在公共管理事务方面还应该有更多、更广泛的拓展，应该能够给管理者带来更多新思路和新方法。

## 第二节  大数据与数字经济社会

### 一、数字经济：全新的社会与经济系统

数字经济主要包括五大技术，分别是大数据、云计算、物联网、区块链和人工智能。根据数字化生产的要求，大数据技术是数字资源，云计算技术是数字设备，物联网技术是数字传输，区块链技术是数字信息，人工智能技术是数字智能。五大数字技术是一个整体，相互融合，呈指数级增长，推动数字经济向着高速度、高质量的方向发展。

数字经济不是现在才被发现的，20 世纪 60 年代以来就一直客观存在，只是近几年才"浮现"出来。数字经济是传统经济的转型方向，当传统经济全部转型为数字经济后，数字经济也就成为新的"传统经济"了，必然会对未来社会的发展产生更加深远的影响。

数字经济是用数字技术、数字产品和数字化方法在社会各个层面创造、转换和实现价值的所有活动的总和，是一个庞大的经济体系，会给传统的经济体系和社会格局带来重大的变革和重塑。

数字经济既是自然科学与社会科学的深度融合，又是虚拟经济与实体经济的深度融合，推动着数字经济新生态的科学发展，从社会主体形态、社会运行机制、社会价值取向等方面共同重塑着社会治理生态。

数字经济的发展，让人们的生活发生了巨大变化。例如，过去人们想买菜，需要到菜市场或超市；如今，互联网出现了各种送菜平台，坐在家里就能通过手机、计算机下单。这些都是数字经济发展带来的结果。

数字经济是继农业经济、工业经济之后的另一种全新的社会和经济模式，这种全新模式不同于互联网时代将数字和物理世界割裂的状态，数字经济需要将数字和物理世界放在一起，思考它们的相互关系。

结合数字经济的发展情况，可以将客观存在的数字经济分成三类：第一类仅以数字技术作为其经济活动的驱动力，具有数字化、网络化、全球化等特征；第二类采用跨时代的现代创新引擎——"互联网＋创新2.0"，改造传统工业经济，重构智能型数字经济新业态（CPS），具有数字化、网络化、全球化、知识化、智能化等特征；第三类采用跨时代的现代创新引擎——"互联网＋创新2.0"，改造传统工业经济，重构开源型数字经济新业态，具有数字化、网络化、全球化、知识化、智能化、开源等特征。

数字经济是一个阶段性的概念，处于互联网经济和未来的智能经济的中间位置，必然会成为像水和电一样的生态要素，渗透到各行各业和各个环节，促进经济的发展，直到"数字经济"提法的消失。例如，企业都需要用电，但任何企业都不会说自己是用电的企业。

不管是经济活动的成本降低，还是社会效率的提升，都跟数字有着密切的关系。从本质上来说，大数据本身并没有多大作用，只有在被人们使用时，才能发挥作用。

在高频交易中，交易者使用独特的专用算法，就能让决议获得更多的回报。算法赋予数据以全新的生命，只要开创购买和销售算法的全新市场，就能显著增加收入，打造一支全新的创新型团队。

### 二、大数据、人工智能与数字经济的关系

随着社会的进步和发展，社会的生产生活方式发生了深刻变革，数字经济作为一种全新的经济形态，逐渐成为全球经济增长重要的驱动力。历史证明，人类社会重大的经济形态变革都会产生新的生产要素，形成先进的生产力。

数字经济是继农业经济、工业经济之后发展出来的新兴经济社会发展形态，也会产生新的生产要素，大数据就是数字经济的生产要素。

新一代信息技术的发展，为数字经济的出现奠定了坚实的基础。以海量数据的互联和应用为核心，数据资源被融入产业升级的各个环节。一方面，随着信息技术与经济社会的交汇融合，数据快速增长，大数据成为一种社会性的基础性战略资源，蕴含着巨大的潜力；另一方面，数据与产业的融合促进了生产力的飞跃，在生产过程中，大数据与劳动力、土地，以及资本等生产要素一起创造了社会价值。

数据资源具有可复制、可共享、无限增长和供给等特征，缓解了自然资源的有限供给对增长的制约，为自然资源的持续增长和发展提供了基础，是数字经济发展的重要支柱。

大数据作为数字经济的第一生产要素，未来一定会与人工智能相辅相成又不可分割。如果有一天，我们真正进入了大数据时代，至少要具备以下三大特征。

### 1. 数据的外部化

数据流动起来，不仅能在它的出生地产生价值，还能在更多的地方发挥作用，为数字经济形态提供服务，创造更多的价值。

### 2. 人工智能

要用人工智能机器的关键技术，如数据挖掘和机器学习，得出简单分析无法得到的深刻洞见，之后再用来指导决策。

### 3. 价值

要想得到大量的数据，就要进行成本存储分析。如今，花 100 元的成本可能只能产生不到 30 元的价值，而当该价值达到 200 元甚至更多时，才算真正进入了大数据时代，真正发展为数字经济社会。

"人工智能＋大数据"，能够使哪些事情成为可能呢?

首先，人工智能和大数据使得智能化内容分发成为可能。例如，通过机器学习算法对系统进行训练，根据用户的特定需求调整搜索条件，减少搜索引擎返回的搜索结果数量，只返回那些真正相关且有用的结果，受众能够更准确地搜索到需要的内容。此外，使用数据可视化和算法，可以创造一种以受众为中心的个性化方式，对受众的体验造成影响；了解了受众接收的信息，得知受众未接收的信息，就能反向利用个性化推荐的逻辑，创建机器学习驱动的推荐算法，扩大推荐内容的范围，使其具有多样性。

其次，借助人工智能和大数据，可以对内容的合法性进行审查。自动审核评论是其典型的一个应用——通过对数据的采集和处理，建立数据库，构建基于海量样本库的低俗模型和谩骂模型，通过模型比对，对低俗评论进行识别和处理。除此之外，媒体还可以利用情感识别、图像识别和对象分析、语言分析等技术检测图像、音视频中的违规内容，从而对违规内容做进一步的处理。如此，不仅能够节省工作时间，还能重新塑造清朗气正的网络空间。

最后，人工智能工具的集成性，能够在媒体资源管理中发挥效用，可以对媒体进行系统化的管控，将媒体内容以单元形式存储起来，便于对内容的查找和利用，从而节省资源管理的时间。

当"人工智能＋大数据"实现了越来越多的可能性之后，数字经济社会的发展也就有了可以依托的优势和根基。同时，也实现了三者的相辅相成和互相促进。

大数据是数字经济的核心内容，数字经济则充分体现了大数据的价值。人工智能是大数据和数字经济发展的重要目标，为了推动经济的可持续发展和转型，就要勇于突破、深入探索，将大数据和人工智能有效利用起来，推动产业的发展，壮大经济发展的新动能。

### 三、传统经济、互联网经济与数字经济

说到传统经济，十年前我们只要一到周末就会跟朋友逛街购物、吃小吃；十年后的今天，传统的商业模式逐渐被淡化，已经逐步被互联网经济所同化。例如，足不出户，就能买到东西；只要浏览淘宝等购物网站，就能买到自己想要的商品；想出门，可以提前用打车软件叫车；请朋友聚会吃饭，完全可以来个团购……

不得不承认，在传统经济进入萧条的时候，互联网经济与实体店之间的

结合将传统经济重新定位，创造了又一个新高。

传统经济由"原子"构成，互联网经济由数据连接。传统经济时代的资源、生产要素是有限的，总有被人类用完的一天；互联网经济依赖的数据是无限的，取之不尽，用之不竭。

传统经济时代的经济学是一种稀缺经济学，而互联网经济时代的经济学则是一种丰饶经济学，数据是竞争的最宝贵资源。

传统经济是科层式的，采用的是层级结构；而互联网是网状的，没有中心节点，采用的是扁平式结构。由此，互联网的本质就是去中心化、分布式、平等、民主。

在互联网社会，企业的价值由所在连接点的广度与厚度决定。企业连接越广、越厚，掌握的数据越多，价值就越大。互联网社会，开放是一种生存手段，所谓数字经济就是利用互联网的融合创新，提高经济效益，引发新技术和新业态。

当然，数字经济发展的过程，也是"互联网＋"行动计划落地的过程。如今，传统产业与互联网行业已经加速跨界融合，云计算、大数据、人工智能等新技术已经纷纷被应用到产品和服务上，推动了各类生产和消费活动的数字化。

大力发展数字经济，不仅符合中国经济整体转型升级的需求，还能润滑新旧经济动能转换的过程，为供给侧结构性改革提供助力。数字经济的崛起，是中国由网络大国走向网络强国必然要经历的过程。

"互联网 +"是融合传统经济和数字经济的重要桥梁，是推动中国经济社会发展的新动力，重塑消费力、助力新型产业形成、实现供应链逆向再造、以数据驱动企业自主创新、推动产业深度融合、实现生产模式全面改制、降低企业交易成本、催生产业集群、培养全面复合人才，这几个方面可以看作是"互联网 +"背景下数字化经济发展的主要途径。

未来的社会将不会再有纯粹的互联网企业，传统产业和企业都会融入互联网的基因，最终与数字经济达到你中有我、我中有你的状态。如此，数字经济与传统产业的分野和对立也将不再出现，"互联网 +"进程必将真正完成。

当然，要想完成这一目标，需要主管部门、规划部门、高校和科研院所、互联网企业和传统行业通力合作，打破部门藩篱，选择具有中国特色的产业升级之路。

## 第三节　大数据对商业的影响

### 一、大数据的商业价值

借助大数据，各行各业的用户、方案提供商、服务商、运营商及上游厂商等都被融合到一个大环境中，无论是企业级市场，还是消费级市场，都与大数据发生了密切联系。每条说说、每张图片、每段视频、每次投票、每句言论等都能产生大量的数据；而企业级用户不仅会拓展市场、找到潜在用户，还会对海量数据进行分析。

对于今天的企业来说，数据是一种重要的战略资产，有着巨大的开发价值。只要看清大数据的价值并迅速行动，就能在未来的商业竞争中抢占先机。

图片、声音、文字，以及用户的习惯和轨迹都是互联网上的数据资源，用户的消费习惯、兴趣爱好、关系网络，以及整个互联网的趋势、潮流都将成为互联网从业者关注的热点，而所有数据的获取和分析都离不开大数据。

一方面，在社会化媒体的基础上，大数据挖掘和分析会衍生出众多应用；另一方面，基于数据分析的营销咨询服务也会陆续出现。专注于数据挖掘和数据服务的公司，是电子商务乃至互联网第三方服务业中的新兴力量，背后潜藏着巨大的商业机会。

从本质上来说，大数据能够促进产品或服务的流通，能够以最快的速度、最高效的方式满足多数人的需求，并实现稳定收益。大数据的商业价值主要体现在如下几个方面。

（1）客户群体细分，为每个群体量身定制特别的服务。

（2）模拟现实环境，发掘新的需求，提高投资回报率。

（3）加强部门联系，提高整条管理链条和产业链条的效率。

（4）降低服务成本，发现隐藏线索并进行产品和服务的创新。

例如，长期以来，亚马逊都在通过大数据分析定位客户和获取客户反馈。有的企业为什么会在商业上不断犯错？原因之一就是没有足够的数据对运营和决策提供支持。大数据能为企业带来商业价值，以大数据为基础，通过新兴的智能技术，企业就能不断扩大视野，探索更宽广的商业模式，实现商业价值的最大化。

### 二、大数据影响商业模式创新

互联网时代，为什么允许客户免费使用搜索引擎，百度还能有如此高的收入？为什么没有一个房间的"爱彼迎"却成了最大的酒店平台？为什么一个网红、主播，就能轻松获得上亿元收入？主要还在于大数据。大数据让人们过去不敢想、不敢做的事情成为可能。

商业模式不是一开始就能设计出来的，而只能在企业运营过程中长出来。

大数据技术是从互联网技术发展起来的，因为只有借助互联网的发展，才能采集和积累到更大、更全、更广的数据，从而让大数据技术的作用发挥出来。从这个意义上来说，大数据技术离不开互联网技术的发展，是互联网技术的升级。

当然，大数据技术与互联网技术还是有本质区别的，该区别主要在于：

互联网技术以数据采集、传输为主要功能，涉及信息的采集、发送和接收；而大数据技术则强调数据的处理、计算、分析和挖掘。

如今，以大数据为基础，一个大规模生产、分享和应用数据的时代正在到来。要想实现商业模式的创新，首先就要以大量的经营生产数据为基础，掌握从纷繁的数据中快速获得有价值信息的能力，也即大数据技术。而正是因为大数据技术的出现，才让众多企业挖掘出了自身潜力，也让企业具备了以商业模式创新的可能。

大数据对传统商业模式的影响在于，从大规模、多样化的数据中发现价值，改进原有的运营模式，最终实现盈利。例如，使用大数据技术，企业就能将注意力投放到目标客户上，挖掘出客户的更多需求，作为企业决策的依据；然后，对产品、技术或服务进行创新，重新设计供应链，逐渐优化流程，实现成本的降低，提高企业运作效率，拓宽收入渠道，实现更多盈利。

大数据对各行各业的渗透经历了一个从量变到质变的过程，通过三个"匹配"（虚拟世界与物理世界的匹配、历史数据与即时数据的匹配、行为方式与情境的匹配），将很多原本无法完成的事情变成了可能。

大数据不仅为企业带来了新的战略资源、让企业具备了重要的核心能力，还让社会资源得到了有效控制、利用和配置，不仅提高了资源的利用率，还促进了经济的快速发展。

当然，大数据并不是凭空产生的，其应用更不是断章取义的结果，而是在产业链中完成的，其价值由多个环节共同实现，即数据采集 – 存储 – 处理 – 应用，具体来说，大数据产业链主要包括数据采集、数据存储、数据处理和数据应用等环节，如图 2-1 所示。

图 2-1　大数据产业链的主要环节

图 2-1 所示四个环节层层递进，贯穿于整个数据生命周期的始终。

大数据产业，不仅能催生出更大的市场和利润空间，还能构建数据行业应用新体系。在这个产业链中，不同环节的商业需求还会催生出全新的运作方式和盈利方法，从而诞生新的商业模式。

### 三、大数据影响商业发展的趋势

未来的商业社会，谁掌握了大数据，谁就掌握了商业秘密。大数据的运用不仅影响了企业的行为决策，也影响了企业的商业决策，为商业带来诸多发展趋势。

处于决策成本产生巨变的爆发点，过去使用任何方法都无法获取的数据，在今天却能轻易获得；当表面完全不相关的行业数据关联起来时，新的商业价值也就出现了。

更重要的是，过去人们都是带着问题去寻找能够验证自己观点的数据，而今天只要使用数据，就能对可能出现的问题进行预测。海量数据，不仅能让人们的智慧得到更大程度的发挥，规模效应也会更加明显。从本质上来说，大数据就是"人"，数据研究的极点就是处于无穷变化中的人性，只要掌控数以亿计的数据，也就将制胜商业的利器掌握在了自己手中。

数字化的变化速度非常快，大数据必然会以人类肉眼无法看到的速度对商业世界的每个角落产生影响。而且，如果人工智能和物联网的进步继续占据主导地位，企业可能比以往更容易受到数据驱动。

大数据未来发展趋势大致表现在以下几个方面。

1. 大数据将创造新的细分市场

将出现以数据分析和处理为主的高级数据服务和以数据分析作为服务产品提交的分析即服务业务。将多种信息整合管理，创造对大数据统一访问和分析的组件产品，基于社交网络的社交大数据分析，甚至会出现大数据技能的培训市场，教授数据分析课程等。未来几年，针对特定行业和业务流程的分析应用将会以预打包的形式出现，这将为大数据技术供应商打开新的市场。

2. 首席数据官将被裁减

随着所有人都可以通过商业智能仪表盘进行数据分析，首席数据官（CDO）可能会变得多余。数据可视化工具不仅易于提取和学习，还可以根据个人需求定制数据，因此每个成员都去关注部门至关重要的细节，会浪费太多的时间和精力。如果每个获得这些工具的用户都可以在一个操作视图中实现报告和预测的自动化就能使决策者能够深入了解他们所需要的信息，并用它来绘制绩效图，确定趋势，并通过帮助预测未来的机会或要求来改变优先事项。

3. 盈利模式改变

无论是搜索引擎行业、电子商务领域，还是人力资源行业，都可以通过出售原始的互联网数据或者经过处理分析的商业结果来获取直接的利益，以商品化的数据应用创造新的商业模式。除此之外，围绕数据产生的商业模式不仅仅是数据的租售模式，还包括信息的租售模式、数字媒体模式、数据空间运营模式等。

4. 更多企业开始应用大数据

目前，大数据的技术主要应用于 Google、Facebook（脸书）、百度、腾讯、中国移动等互联网或者通信运营巨头，但随着企业信息化应用的逐渐深入，信息处理系统也随之产生了大量的数据，对于这些数据的分析和应用将促使企业的基础 IT 架构、数据处理、应用软件的开发和管理模式等领域产生新的变革。

5. 数据分析走向大众化

大数据分析将走向大众化，不仅数据科学家、分析师可以钻研更深层面的需求，如实现新算法以应对客户流失等，一般（非数学专业的）业务人士与管理人员也可以通过不同的开发工具实现对各类数据的分析，从而实现新的价值。

# 第四节　大数据对工业的影响

## 一、工业大数据与互联网大数据的差异

所谓工业大数据，是指在工业领域中，围绕典型智能制造模式，在客户需求、计划、研发、设计、制造、采购、库存、发货和交付、售后服务、报废或回收再制造等各环节中产生的数据总和。其以产品数据为核心，不仅能极大地拓展传统工业数据范围，还能将工业大数据的相关技术和应用扩大到更大范围。

工业大数据的来源主要有以下三类。

（1）与企业经营相关的业务数据。这类数据是工业企业传统的数据资产，主要包括资源计划、产品生命周期、供应链、客户关系和环境系统等数据。

（2）机器设备互联数据。这类数据主要是指工业生产过程中，装备、物料及产品加工过程的工况状态、环境参数等运营情况数据，通过系统实时传递。目前，智能装备被大量应用，该类数据量增长最快。

（3）企业外部数据。这类数据不仅包括工业企业产品售出之后的使用、运营情况等数据，还包括客户、供应商、互联网等数据。

工业大数据不仅具备一般大数据的海量性和多样性等特征，还具有价值性、实时性、准确性、闭环性等典型特征。

工业大数据与互联网大数据最大的区别在于，工业大数据有着极强的目的性，而互联网大数据侧重的是关联的挖掘，是一种更加发散性的分析。

互联网大数据也就是我们现在经常接触的消费类大数据，如遇到节假日促销，我们会收到很多推送消息，之前看过哪款商品，就会接收到系统推送的哪款商品信息；之前去过哪个城市，就会容易接收到哪个城市的推销电话，这都是互联网大数据计算的结果。

互联网大数据对数据量要求是大量的样本，数据质量要求低，不考虑属性的意义，只分析统计的显著性，以统计分析为主，通过挖掘样本各个关联进行预测。工业大数据则强调逻辑、算法，要求精准的结果。

借助互联网大数据及相关技术，企业就能对行为特征不同的客户进行个性化营销，还能成功聚焦客户，实现精准营销。

工业大数据与互联网大数据的不同在于以下几个方面。

（1）对数据特征的提取不同。这是二者最大的不同之处，工业大数据看中的是特征背后的物理意义，以及特征之间关联性的机理逻辑；而互联网大数据，只是利用统计学工具，挖掘属性之间的相关性。

（2）互联网大数据更加注重数据的数量，而工业大数据更倾向于数据的全面性，即尽可能避免样本出现遗漏、分散和断续，以覆盖工业过程中的各类变化条件，保证能够从数据中提取出反映对象真实状态的全面性信息。

（3）互联网大数据不要求精准的结果推送，工业大数据对预测和分析结果的容错率远比互联网大数据低得多。互联网大数据进行预测和决策时，只会考虑两个属性之间的关联是否具有统计显著性，当样本量足够大时，噪声和个体之间的差异可以被忽略，如此预测结果的准确性就会大打折扣。例如，如果觉得有70%的显著性应该给某个用户推荐A类电影，即使用户不是真正喜欢这类电影，也不会造成严重后果。但在工业环境中，仅通过统计的显著性给出分析结果，即使只是一次失误，都可能造成严重后果。

## 二、大数据在工业领域发挥的作用

近些年，随着国家工业信息化脚步的不断加快，以及国际社会在工业现代化方面的不断演进，大数据技术在工业和制造业方面也进行了深度的技术融合。随着人力短缺、工资上涨、产品交付期变短和市场需求变动大等问题的出现，制造业也遇到了新一波的转型挑战。工业领域转型的主要目的是，在控制生产成本的同时，提高生产力与效率，而大数据能为工业现代化进行有力的助推。

例如，通过信息物理系统，能够将工厂的设备传感和控制层的数据与企业信息系统融合起来，将生产出的大数据传到云计算数据中心进行存储和分析，形成决策，并反过来指导生产。此外，大数据还可以渗透到制造业的各个环节，如产品设计、原料采购、产品制造、仓储运输、订单处理、批发经营和终端零售等。

与消费领域的大数据相比，企业更要重视工业制造领域大数据产生的价值。数据统计显示，在财富100强企业中，只要使用大数据，企业的人均产出平均提高了14.4%。大数据对企业转型升级的作用由此可见一斑。

工业制造业的大数据，主要包括以下几个特点：工业数据的多样性和异构性差异；为了做好监控和预警，需要对工业大数据进行实时分析；要想更好地理解工业数据，需要具备一定的经验。工业企业要想提高生产效率，改进产品质量，节约能源和资源的消耗，就要在研发、设计、制造、售后等全环节实现大数据的应用。

大数据在工业领域主要有哪些作用呢？

工业互联网是以数据驱动为主的产业，工业传感器实时采集生产设备和生产线上的温度、压力、震动等信息，汇聚成海量的数据库，通过挖掘分析、处理、应用，最终形成产品或服务，实现价值转换，并且在故障预测、远程诊断、能源优化等方面发挥着重要作用。

在故障预测方面，大数据运用建模和仿真技术，能够对生产线的故障做出预判；在远程诊断方面，利用大数据，就能实时传递生产线的实际运营画面，便于专家会诊，技术人员不在现场也可以完成；在能源优化方面，利用传感器，能够对生产过程中的大数据进行监测，不仅能将能耗状况记录下来，还可以发现能耗的异常，及时做出调整，为企业节约生产成本。

工业互联网是大数据的来源，大数据分析为工业互联网的发展提供了有力的数据支持，其中所产生的价值才是各大互联网巨头关注的焦点。

未来工业互联网的发展趋势必然是先从技术服务和应用层面入手，不断实现工业互联网领域相关优质企业的强强联合，加强新一代信息技术和工业领域的融合创新，为制造企业提供工业物联网整体解决方案。

大数据具体解决的应用问题表现在以下几个方面。

1. 用数据监控生产，做到按计划生产

大数据可以帮助工业企业全面掌握单条产线、单个工厂或多个工厂的实时运行情况，从而全面优化生产流程，获得最佳的可靠性、效率、产量、质量和设备运行状况，同时发现转型机会，真正实现按计划生产。

2. 预测和规避风险，发现生产隐患，避免损失

大数据可以提供一个中央数据库分析引擎，在质量问题演变为质量"灾难"前，帮助企业发现并彻底解决质量隐患。同时，通过对生产流程的优化，避免造成失误所导致的停产等损失。

3. 降低生产成本，最大化企业可用资源

大数据可帮助企业持续优化生产流程，实时进行能耗分析、库存分析、质量分析，可以最大化利用企业资源，全面降低企业生产成本。

4. 数据驱动决策，提高团队工作效率

持续、可靠的数据是制造企业生产的基石。实现工厂和各生产线的自动化数据采集、管理和分析，将来自不同数据源的数据结合业务需求，生成可视化报表，全面帮助企业提升团队战斗力。

### 三、工业领域大数据应用案例

**案例一：某纸尿裤生产企业**

有一家公司主要生产和销售生活消费品，其纸尿裤的销售额每年都能超过百亿美元。后来，为了扩大规模，公司对纸尿裤生产线进行了一体化升级，提高了生产速度，但产能却依然不理想。在整个流程中，只要某个环节出现问题，设备就会发出警示，整条生产线就关闭，只有将残次部分剔除掉，设备才能重新开机运行。

为了提高生产线的生产效率，该公司与某大数据公司合作，对纸尿裤生产线的监控和控制系统进行了升级。大数据公司先从控制器中采集了各工序的控制信号和状态监控参数，找到出现生产偏差时的数据特征，进而找到正常生产状态和偏差生产状态下的序列特征。之后，用机器学习的方法将这些特征记录下来，建立了判断生产状态正常和异常的健康评估模型。

在利用历史数据进行模型评价的过程中，该健康模型能够识别出所有生产异常的样本，并将0～1的数字作为当前状态(即时动态)的监控指标。如此，生产过程中的每一个纸尿裤都被赋予了一个0～1的健康值，只要系统识别出某个纸尿裤的生产出现异常，生产系统就会在维持原有生产速度的状态下自动将异常产品从生产线上分离出来，不会影响其他产品的生产。

升级后，生产线的停机时间近乎为零，生产线还实现了无人化操作，提高了生产效率，每年都能带来 4.5 亿美元的直接经济价值。

### 案例二：西门子工厂

德国西门子工厂生产 SIMA TIC 系列 PLC（Programmable Logic Controller，可编程逻辑控制器），多数生产都实现了数字化。其采用 SIMATIC IT 制造执行系统，显著地提高了生产效率和灵活性。

使用该系统，工作人员就能在一分钟内更改产品和工序。数据矩阵码扫描器和 RFID（Radio Frequency Identification 射频识别）芯片会对产品信息进行采集，加载到上位中央系统中，只要能保证数据的一致性，系统就能掌握各种产品的信息，如产品的当前状态、是否通过检验等。一旦发现某产品没有通过检验，控制系统就会自动给产品部发送一封邮件等，产品部就会积极采取措施进行改正，逐渐完善产品。

### 案例三：三一重工

三一重工集团的数据库，每天都要承受来自全球 20 万台设备的写入请求。为了保证数据服务的持续运行，三一重工使用分布式数据存储技术。这种技术不仅能降低成本，还能实现无上限数据存储。如今，三一重工的大数据已经被应用到以下几个重要环节。

（1）对宏观经济趋势与开工率趋势进行分析，建立定量预测模型。其间集团产生的数据每个月都会递送给国家相关部门，为国家宏观经济的分析提供了参考。

（2）三一重工售后配件 SKU 约有 8 万，代理商库存约 14 亿，优化了配件周转状况。

使用大数据进行预测分析，三一重工不仅保证了自己的服务水平，还有效降低了库存水平，提高了配件需求预测的准确率。

**案例四：大众汽车**

为了改造一条已经使用了 17 年的冲压生产线，大众汽车将产品生命周期管理软件（PLM）与其自动化软件结合起来，大大减少了改造时间；在改造生产线的规划阶段，为了提高生产效率，其使用冲压线仿真软件，模拟出现有机器和处理设备，再对其进行优化。

为了提高冲压件模拟程序的精确度，大众汽车使用了运动控制软件。使用该技术，在完成了最后的冲压线改造工程后，每分钟的冲程数就能增加 2 次，提高了效率和生产力。

# 第五节　大数据对传统农业的影响

## 一、农业的历史进程与农业的数据时代

中国农业建立的基础是小农经济制度，以提高土地生产率为目的，精耕

细作是中国农业的显著特征。纵观农业的发展历程，大致经历了以下几个重要时期。

春秋战国时期，铁制农具已经得到普遍使用。牛马被用于农业，农业动力由人力耦耕转向畜力耕作。

秦汉时期，我国农业得到了进一步发展，形成了精耕细作的优良传统。其继承了春秋战国时的农本思想，统治阶级推崇"重农思想"，制定并实施了轻徭薄赋、垦荒实边、兴修水利、奖励力田、劝课农桑等一系列重农政策，促进了农业生产的发展。

宋元时期，全国经济重心进一步南移，东南太湖地区成为国家的主要经济区，农业生产水平远超过北方。这一时期，不仅出现了很多新农具，双季稻种植面积也不断扩大，农业生产结构甚至还出现了新变化，如作物种植范围不断扩大。

概括起来，中国农业的历史进程可以划分为以下几个阶段。

（1）1.0时代，是小农经济时代，人们从事的主要是体力劳动，主要使用手工工具和畜力农具，依靠人力、畜力等来完成生产。

（2）2.0时代，主要依赖机械进行生产，出现了适度经营的"种植大户"，机械工具被大面积使用。

（3）3.0时代，以互联网和现代科学技术为主要特征，在农资流通、育种育苗、植物栽种管理、土壤及环境管理、农业技术等方面，都有了互联网的参与。

随着农业的不断发展，农业的问题也渐渐显露。长期以来，我国农业采用的是小农经营方式，农业生产的粗放性和分散性，以及农作物的季节性和地域性等，致使信息壁垒贯穿在农业产业链中。在种植过程中，多数农户都依赖于以往的经验，无法精准把握水、土、光、热、气候等自然资源，以及农作物的育种、种植、施肥、收割、加工等，农业生产落后。

过去，信息闭塞、资源分散，农户对农业市场的需求了解不足，很难发挥市场的引导作用；农业市场被少数农商垄断，交易成本增加，农民的利益得不到有效保障；同时，农业生产规范化、标准化程度低，农产品深加工不足，很难产生更高层次的农业价值。

当前，在政府的引导下，很多乡村都实施了振兴战略，农业适度规模经营加速推进。农业转型与发展是乡村振兴的重要一环，建立农业大数据中心，将云计算、大数据挖掘、人工智能等新技术与农业结合起来，是突破我国农业信息化发展瓶颈的重要手段。

作为农业大国，先进的农业生产技术对粮食安全发挥着重要作用。随着人口的逐渐增长，以及经济全球化的发展趋势，我国也实现了由传统农业向现代农业的转变。使用大数据，不仅能提高农业生产的精准化和智能化水平，还能优化农业资源的分配和利用，协调经济生产与环境保护之间的矛盾；不仅让农产品的交易更加透明，供给侧与需求侧的问题得到了很好的解决，还能对全球农业数据进行调查分析，增强我国的话语权、定价权和影响力。

随着农业全球化、市场化的不断深入，农业不再是简单的农业生产，农业种植的大数据服务已应用于我国农业机械化可推行的地区，可以预见：用大数据育种，用大数据进行土壤营养、养殖环境和农产品市场分析，以及预测农业风险、进行可视化生产、追溯农产品质量安全等，都有着巨大的市场前景。

### 二、大数据是建设生态农业的核心

按照生态学和经济学原理，运用现代技术成果和管理手段，结合传统农业经验，就能建立现代生态农业，不仅能够提高经济效益和生态效益，还能取得理想的社会效益。将传统农业精华和现代科技成果融合到一起，协调好资源利用与保护之间的关系，就能实现良性循环，实现经济效益、生态效益和社会效益的统一。

要想实现农业的生态建设，不仅要在生产上实现科学高效，在管理、经营、销售等方面同样需要科学高效。而要实现这些，仅靠机械化、自动化是不够的，还要依靠信息化和智能化，"互联网＋农业"就是一条重要路径。"互联网＋农业"最终的目标是搭建生态圈和玩转大数据。

农业与其他行业不同，其投入大、回报周期长，投身"互联网＋农业"的企业只有搭建起一个和谐完整的生态圈，整合资源、相辅相成、协调发展、形成合力，才能在"互联网＋农业"的道路上走得更稳、更远。

农业大数据主要包括农地确权数据、交易数据、农资数据、农技数据、农产品生产数据和农作物交易数据等。当然，要想形成数量可观、具备应用价值的农业大数据，并不是一蹴而就的事情，也不是仅用农业产业链中的某一环节就能完成的，需要整个生态圈的长期积累。

农业大数据可以应用到农业产业链的各个环节，这些数据不仅无法替代，还能直接将数据价值转换为生产力。例如，耕种农作物，需要使用优质的种子。可是，种子是否优质，不仅在于种子本身，还在于是否适合该土地，如在该块土地上种过什么农作物、用过什么肥料和农药等。只有了解了土地的土壤特征，才能合理选种，才能提高产量。

此外，还可以用信息采集设备全面采集土壤、气象、水质、肥料、病虫害等信息，进行智能控制，对水肥进行精准管理，减少病虫害的出现，让农作物在良好的环境中健康成长。

在智能化生产过程中采集大数据，不仅对生产有着积极的作用，还有利于生态圈的其他参与方。例如，对从事农业保险服务的保险公司来说，如果在农业生产过程中被保险人的保险标的遭受约定的自然灾害，保险公司就要派工作人员到现场进行勘察，不仅效率低下，也无法真正了解自然灾害发生的具体情况。而利用实时采集的数据，就能得出灾害发生时的真实风速、温度、湿度等信息。

在农业的产业链中，各环节都会产生众多数据，如土壤温度、气候冷暖等。随着卫星遥感、雷达和农业物联网等技术的发展，航空航天和地面监测系统被广泛使用，能够得到的数据更多。使用大数据技术，就能对这些数据进行挖掘和筛选，选出有效的数据，为抗灾减损、清洁生产等提供依据，做出科学的预测。

此外，随着全球变暖，极端气候事件发生的频率增加，利用大数据技术，就可能获取温室气体、气候等实时监测数据，为编制实时温室气体清单和预测未来温度变化幅度、制定相应的减排措施提供有力的依据。

未来，国家将进一步推动大数据、物联网、云计算等新一代信息技术在智慧农业领域的应用，致力于提高农业生产精准化、智能化水平，助力农产品供给侧与需求侧的结构改革，推动我国农业信息化发展。

### 三、现代农业领域大数据应用案例

#### 案例一：生猪养殖

信息化对生猪养殖产业链的精细化管理提出了更高的要求。例如，从活猪到分割，再到销售，产品的描述和编码必须保持一致。在大型养殖场，物料的领发、验收、请购、跟催、盘点等工作都异常繁杂，借助物料编码技术，各环节的流通就会变得异常顺畅，信息的记录与存储也会变得更加简单，客户服务的效率也会大大提高。

过去，所有订单都来自电话，用纸笔记录，错误率很高。业务员每天晚上都要对白天的出库数量进行核对，一旦发现系统出库数据与手工记录数据不一致，就要对不同销售人员的分销量进行核对，工作量非常大。

借助数据库和智能系统，用户如果想购买生鲜产品，可以在线上订货，工作人员就能实时反馈订单、掌握订货情况。如此，不仅可以改善整个企业乃至集团的管理方式、信息传递的精准度，还能让订、产、存、销等流程变得顺畅很多。

大数据还可以对生猪的价格趋势、市场变化、销售区域的变化等做出预测，对消费者进行用户画像。只要对数据的积累和变化进行分析，就能实现价格体系、成本体系、销售体系、网络体系、库存体系等各节点的最优调配。一旦形成了大数据智能运营中心，不同数据间的连接就会碰撞出新的产业联动，实现几何级的增长。

用大数据搭建平台化智能养猪系统，可以彻底变革传统落后的养猪模式。

在管理方面，借助物联网和人工智能，企业就能实时掌握猪的生长情况；通过对数据的分析，就能知道最佳的群猪管理方法，如母猪什么时候生产、什么时候预防疫情等；同时，针对养殖期间遇到的问题，还能实现解决方案和资源的最佳匹配。

在交易方面，大数据可以为养猪者搭建一个畜牧市场平台，统一标准、统一物流、统一客服；同时，通过大数据的分析，猪场就能成功匹配到合适的上游资源。

在销售方面，为了规避过多的中间商，养猪者可以在网上快速找到购买者，消除信息的不对称，结合生猪物流，完成线上交易。

### 案例二：果蔬种植

在果蔬种植行业，只要整合果蔬产业的资源数据，结合物联网监测数据及电商平台数据，进行深度挖掘分析，就能找到果蔬的销售规律，为管理者决策、生产者经营等提供参考依据。

例如，某葡萄酒品牌公司使用大数据后，不仅能自动生成水肥任务，还能对用户进行跟踪。葡萄的生长会涉及20多项生理指标，如茎径、叶面积、花穗长、果穗重等，只有各指标达到标准，才能保证葡萄的正常生长。

对农业生产来说，病虫害一直都是疑难杂症，只要条件具备，一次病虫害足以毁掉一季的生产。使用大数据，通过数据的积累和分析，就能得出一个数据模型，一旦某些数值触发了相应的指标，就能直接做出判断，有效预防病虫害。例如春季，如果园区的日平均温度为 15 ~ 20℃，日平均空气湿度连续 3 天超过 90%，灰霉病就会找上葡萄，使用数据系统监控，便能及时发布预警，提前做好预防。

　　某个占地上千亩的柑橘种植园，利用智能水肥一体化设备，对果园的温度、湿度等情况进行了实时监测，滴灌更加精准，确保了土壤的水分和养分，大大节省了人力。该系统不仅能通过计算机、手机等终端对农业种植现场进行远程监控，还能自动化控制灌溉、施肥和调温等，将科学合理的养分输送给果树，不仅大大提高了柑橘的品质和良品率，还提高了果树的抗病性。

**案例三：作物育种**

　　传统育种的成本一般都比较高，其工作量大，需要花费 10 年甚至更久的时间。而大数据的运用，加快了这一进程。生物信息爆炸，让基因组织学研究实现了突破性进展，如获得了模式生物的基因组排序；实验型技术能够被快速应用。

　　过去，生物调查都是在温室和地里进行的；如今，只要使用计算机运算，就能完成这一操作。海量的基因信息流，不仅可以在云端被创造和分析，还能进行假设验证、试验规划等，只要选取几种作物进行实际环境验证，就能准确确定品种的适宜种植区域，降低了决策成本，还能探索到更多的奥秘。

　　如今，传统的生物工程工具已经研究出具有抗旱、抗药、抗除草剂的作物。

若持续发展，必然会进一步提高作物质量、减少经济成本和环境风险。一旦开发出新产品，如高钙胡萝卜、抗氧化剂番茄、抗敏坚果、抗菌橙子、节水型小麦、含多种营养物质的木薯等，必然会为农民和消费者带来好处。

**案例四：精准农业操作**

农业很复杂，作物、土壤、气候以及人类活动等各种要素相互影响。在近几年，种植者通过选取不同作物品种、生产投入量和环境，在上百个农田多种土壤和气候条件下进行田间小区试验，就能将作物品种与地块进行精准匹配。

如何才能获得环境和农业数据？使用遥感卫星和无人机，可以对地块进行有效管理，对作物种植适宜区进行合理规划，对气候、自然灾害、病虫害、土壤墒情等环境因素进行及时预测，监测作物长势，指导灌溉和施肥。

在快速积累数据的同时，若少了大数据分析技术，数据就会变得庞大和复杂。数据本身并不能创造价值，只有通过有效分析，种植者才能做出有效决策。

张弓博士曾在美国航空航天局从事多年遥感数据分析工作，他说："大数据分析的技术核心是机器学习，快速、智能化、定制化地帮助用户获取数据，获得分析结果，用户就能做出种植决策，提高设施和人员的使用率。机器学习的另一个好处就是，随着数据的不断积累，分析算法将更加准确，有助于农场做出更准确的决策。"

2015年，张弓博士回国成立了佳格大数据科技有限公司，通过遥感获取农业数据，帮助客户"知天而作"，利用气象、环境等数据来支持农业种植及上下游的决策。

## 第六节　大数据对政府管理的影响

### 一、大数据为政府制定政策提供依据

当今世界，信息技术创新日新月异，以数字化、网络化、智能化为特征的信息化浪潮蓬勃兴起。没有信息化就没有现代化。想要适应和引领经济发展新常态，增强发展新动力，需要将信息化贯穿于我国现代化进程的始终，也需要在制定各种政策的时候让其符合现代化的节奏和现实。以信息化驱动现代化，才能建设网络强国。

检验政府治理能力的一项重要内容，就是政府是否能够为公众提供优质、高效的公共产品，这些产品是否满足公众的需求。过去的公共服务大多呈现大众化、粗放化的特点，显然无法满足公众越来越高的需求。这就需要更个性化、更精准、更便捷高效的公共服务。

例如，对监测病人存储的数据进行跟踪，对病人的健康状况进行检测，就能制订个性化的治疗方案，有效改善公共卫生医疗服务；利用对传染性疾病的大数据分析，可以针对性地制订预防方案，防止传染病的传播扩散。此

外，对于交通运输、上学就业等公众服务行业，大数据还能为它们提供有力的支持。

如今，大数据的重要性正从科研理论方面转向政府决策部门，政府也成了大数据产业的规划者、指导者和实施者，利用大数据可以做更多的事，如收集到大量数据并整理留档；不断地统计、分析、预测国家的宏观情况，为决策提供支持。

公安、媒体、金融、卫生、教育、贸易等行业都会累积一定的数据，为了对各行业做好监管，政府就需要汇总这些数据；而统计局、测绘局、气象局等部门的主要工作就是收集、分析或利用数据。在新一轮政府机构改革中，据不完全统计，至少有广东省、上海市等 12 个省（直辖市）设立了省级的大数据管理机构。随着懂得数据的人逐渐增多，政府的决策也会更加精准。

大数据对政府决策的影响主要体现在以下几个方面。

1. 通过大数据提高管理决策能力

大数据助力管理决策能力表现在以下几方面。

（1）预测政府决策方向。通过对大量数据进行分析，可以发现社会存在的各种问题，预测出发展态势。政府可以选择亟须解决的问题作为切入点，将有限的资源投入重点方向，从而大大提高政府决策的前瞻性，避免政策滞后，提高政府决策效率。

（2）为政府决策提供参考依据。可以利用大数据对需要解决的问题进行建模、分析，对指定的问题进行数据分析，对政策效果进行预测，将预测结果作为政府决策的参考依据，提高政府决策的科学性。

（3）评估政府决策效果。通过大数据对各方信息的反馈，可以得到某一政府决策的效果评估结果，用数据来说话，避免人为决策和片面数据造成的重大损失。

2. 通过大数据解决政府部门资源共享难题

大数据技术能够忽略物理和地理限制，实现信息资源逻辑上的联通和集中，消除信息孤岛的危机。同时，也可以提高信息资源利用的价值，保障我国在国际竞争中的地位。

3. 通过大数据分析，有效提升政府危机管理的能力和水平

大数据能够收集网络民意，利用大数据技术，不仅可以拓宽自身渠道，还能及时了解和管理社会舆论。同时，在政府危机管理过程中，大数据技术还能为预警危机的出现并理性地应对危机事件提供支持。

**二、大数据促进政府思维方式的变革**

要想创新并完善政府管理模式，就要依靠现代化的技术和手段。目前，

与大数据相关的信息技术已经全面渗透到社会管理的各个方面，较为固化的政府管理思维与方式已经无法应对新形势带来的挑战。为了应对新形势与新任务，需要不断改善政府管理体制，充分挖掘大数据的价值并将其应用到政府的管理中。

从现代意义上来说，所谓政府治理就是各种主体管理公共事务方式的总和，要想实现思维方式的变革，就要打破"以政府或公共机构为唯一权威主体"的模式，将公共机构与社会力量融合到一起，形成一种开放的治理网络。而这也是实现治理变革的关键。

大数据的广泛应用，引发了新一轮政府治理变革的创新，为智慧政府治理创造了条件，对政府的治理理念、治理结构、治理方式、治理模式与治理过程等都产生了重要影响。

为了实现政府治理体系和治理能力的现代化，政府需要将政务大数据汇聚在一起，打造出高效能的智慧政务。

为了提升政府决策精确性，政府需要建立数据驱动的决策支持系统。

为了加速智慧服务建设，政府需要实现精细化数据管理。

为了构建以大数据为核心资源的智慧政府治理模式，需要完善智能化数据监管体系，加强和创新社会监管。

政府治理理念的转变是实现政府治理能力提升的前提，大数据为政府治理提供了重要的参考。依照并利用大数据进行治理，就能及时发现、分析和解决公共问题，保证治理的科学性、客观性和合理性。

大数据爆炸的时代，政府要面对和处理的数据环境更加复杂多变，为了适应大数据环境的变化，实现更优质、更客观的治理，政府就要将大数据治理理念引入智慧政府的治理过程，努力挖掘大数据中有价值、可利用的关联数据，确保治理过程的公平公正，治理结果的科学、客观和理性。

以大数据为资源和依据，对社会舆情快速洞察，发现、分析和解决公共问题，必然能大幅提升政府的治理效能。

大数据促进政府思维方式变革主要表现在以下几个方面。

**1. 利用大数据形成政府管理的大数据思维**

政府需要进一步开放数据信息，提升社会公众对于政府利用大数据技术创新自身管理方式的感知水平。

**2. 政府需要强化数据信息整合的力度**

政府需要进一步强化对于数据信息的整合与沟通，通过打通不同政府部门之间的"信息孤岛"，提升政府协同管理水平。

**3. 利用大数据提高服务质量**

当前我国政府亟须创建创新型与服务型政府，政府在提供公共服务过程中，需要借助大数据相关手段，针对社会大众的需求进行及时收集与回应，以此为基础来增强社会大众对于政府服务供给的获得感。

政府管理创新是时代发展的迫切要求，政府要认识到创新自身管理方式方法的时效性与必要性，在应用大数据技术手段的过程中，重视大数据技术的优势与实践意义，对管理方式、管理流程与服务绩效等方面加以完善。

### 三、用数据构建民主知识型社会

在人类文明发展史上，社会进步的一个重要衡量标准就是政府公共服务能力的不断提高。随着经济水平的不断提高，政府会在科技、文化、卫生和教育等领域投入越来越多的人力和物力，但依然会引发很多问题。政府工作缺少透明度，大众很容易产生质疑，继而影响政府的公信力。大数据具有可溯源、安全、透明等特点，可以解决这一难题，民主知识型的社会也有望建成。

在互联网发展的前 20 年，实现了信息的联通；未来，努力的方向应该是信息保真、信息共享、权限控制和隐私保护。公共服务是能够满足这一需求的天然场景。如今，很多国家（如英国、美国、中国、俄罗斯等）已经开始布局大数据，在政府公共服务方面，大数据已经被应用在众多场景。

大数据在公共事务方面可以参与的领域如表 2-1 所示。

表 2-1 大数据在公共事务方面参与的领域

| 参 与 领 域 | 说 明 |
|---|---|
| 身份验证 | 身份证、护照、驾照、出生证明等公民身份证明都可以存储在数据账本中。将这些数字身份在线存储，不需要任何物理签名，就可以在线处理烦琐的流程，随时掌握这些文件的使用权限 |
| 鉴证确权 | 公民财产、数字版权相关的所有权证明存储在大数据账本中，大幅减少权益登记和转让的步骤，减少产权交易过程中的欺诈行为 |
| 信息共享 | 用于机构内部以及机构之间信息共享，实时同步，减少协同中的摩擦 |
| 透明政府 | 将政府预算、公共政策信息及竞选投票信息用大数据的方式记录及公开，增加公民对政府的信任度 |
| 民事登记 | 应用区块链技术，可以简化民事登记程序，创建分布式的公民登记平台，甚至登记生死等重大事件。这可以帮助公民记录防篡改，有弹性、安全、私密，从而为各个相关者提供广泛的便利 |
| 国防科技 | 有关国防基础设施和计算机系统的信息对国家安全至关重要。出于这个原因，国防信息往往分布在不同的地点，以防止未经授权的访问和修改。利用大数据技术，可以为修改数据提供基于共识机制的访问，并在多个系统资源（如网络、数据中心和硬件设备）上分配访问权限 |

随着大数据应用领域越来越广泛，社会公信力越来越强，未来将会构建起一个民主知识型的社会。

# 第三章 大数据与互联网经济

# 第一节　大数据在互联网经济中的应用和发展

## 一、大数据促进互联网经济

未来世界是万物互联的物联网世界，但只关注物与物的连接，忽视了人与人的连接，生机就会缺少很多。为了搭好大数据的顺风车，就要做好人和人的连接、人和物的连接、物和物的连接，以及人和服务的连接。

在互联网的发展过程中，人们对互联网的依赖性越来越强，大量数据也得以产生；而数据的存储、处理和分析，也促进了大数据的发展。大数据给传统商业带来了极大挑战，也为人们挖掘和利用大数据的价值带来了巨大机遇。

"互联网+"已经让很多事情发生了翻天覆地的变化，未来"互联网+大数据"，将给互联网经济带来更多的优势和促进，具体表现在以下几个方面。

### 1.降低了交易成本

在互联网经济中产生的交易，买卖双方多数都是基于各种电子商务平台进行活动的。互联网的出现，让电子商务平台的宣传与拓客工作变得更加容易，交易手续简单，建设周期短，见效快，省去了装修、水电、人工和招聘等诸多事项，大大降低了成本。

对于买方来说，同样如此。买方有了更多的选择权，不用局限于实体店面的单一；可以通过大数据推送，轻松选购自己需要的物品。随着时间和人力的减少，买卖双方的交易成本自然也就降低了。

2. 提高了交易效率

采取过去的商业模式，陌生的买卖双方要想成就一笔买卖，通常都要经过较为复杂的过程：买方要考察产品质量、售后服务水平和商家信誉，卖方要考察买方的购买能力和个人诚信度。两者之间的信息是不透明的，双方只能在实时交易时见一次面。而在互联网经济中，多数交易都发生在陌生个体之间，交易风险无限加大。

大数据在互联网的广泛应用有效地解决了这个问题，尤其是第三方支付平台的出现，让买卖双方变得更加重视诚信，如此，不仅为双方节约了交易时间，还提高了效率。

对于卖方来说，只要使用大数据，就能对买方的行为习惯和喜好进行分析，然后有针对性地进行宣传和营销，不仅可以节约广告费用，还能提高广告效果。而对于买方来说，利用大数据，能够在最短的时间里检索到自己需要的产品，了解产品情况、用户评价，从而对卖家的信誉和售后等做出判断。

买卖双方掌握着足够的信息，自然就能打消顾虑，促使交易快速达成，提高交易效率。

### 3. 突破了时空限制

在传统商业模式中，买卖双方想要完成一笔交易，通常需要在固定的时间到达固定的地点才能完成，多数交易的达成还要受到地域的限制。例如，住在南方的张三想要买北方的土特产是非常困难的。互联网突破了时空限制，无论何时何地，人们都能在网上下单购物，足不出户就能实现全球购物。只有想不到，没有买不到。

### 4. 改善了交易体验

如今，互联网经济高速发展，营销也进入了大数据微时代。利用互联网和大数据技术，企业就能对单个用户的行为进行监测，在单个用户层面进行信息传播。

利用大数据，企业就能收集更多的用户信息进行分析，如用户偏好、行为习惯等，从而向用户推送有针对性的信息。企业推送出去的信息都是用户比较感兴趣的，不会引发用户的反感。

基于大数据应用，企业能有效发掘潜在用户，从而进行个性化的营销。用户接收到自己感兴趣的内容，只要选中某款产品，自然就会产生交易行为，交易体验也会得到极大改善。

## 二、大数据在互联网经济中的发展趋势

如今，大数据的驱动来源于互联网公司，包括互联网和移动互联网，未来可能还会有传感器网、云端等。但是，这些内容都有一个共同前提，即数据量日益增多。

数据量越来越多，对于互联网来说，会迎来新的变革。

（1）以数据来驱动产品创新和员工管理，为客户提供服务。互联网行业既具有技术（数据分析等），也具有海量的用户数据（以消费数据为主），在消费互联网时代，互联网公司的发展异常迅速。

（2）以大数据为基础的产业互联网。随着 5G 标准的落地应用，产业互联网成为互联网行业发展的又一个主要领域，主要原因有：① 传统产业亟须借助互联网技术来完成产业结构升级，促进传统企业的创新和可持续发展；② 互联网公司需要通过产业互联网市场，开启新的快速发展模式。

（3）以大数据为基础的科技创新。大数据的发展在一定程度上促进了科技创新，如人工智能。借助海量数据，机器学习、计算机视觉和自然语言处理等功能都取得了一定的发展和进步。

大数据在互联网经济中的发展趋势主要表现在以下几个方面。

### 1.实现了数据资源化

大数据成为企业和社会关注的重要战略资源，并且已成为大家争相关注

的新焦点。因此，企业必须要提前制订大数据营销战略计划，抢占市场先机。

### 2. 大数据与云计算深度结合

大数据离不开云计算，云计算为大数据提供了弹性可拓展的基础设备，是产生大数据的平台之一。近几年，大数据技术和云计算技术已开始紧密结合，预计未来两者的关系将更为密切。除此之外，物联网、移动互联网等新兴计算形态也将一起助力大数据革命，让互联网营销发挥出更大的影响力。

### 3. 数据联盟成立

未来，数据科学将成为一门专门的学科，被越来越多的人所认知。各大高校将设立专门的数据科学类专业，也会催生一批与之相关的新的就业岗位。与此同时，基于数据这个基础平台，也将建立起跨领域的数据共享平台，之后，数据共享将扩展到企业层面，并且成为未来产业的核心一环。

## 三、大数据推动互联网与实体经济的融合发展

最近几年国内外的诸多实践证明，只要在实体经济中注入互联网基因，就能爆发出巨大的生产力和创新力，拥有广阔前景和无限潜力。对我国来说，实体经济尤其是制造业才是经济的基础所在。

从整体上看，制造业加速了向数字化、网络化、智能化等方向的拓展，软件定义、数据驱动、平台支撑、服务增值、智能主导等特征也日趋明显，

还出现了更多的新产品、新模式、新业态和新产业，竞争愈演愈烈。中国经济要想实现高质量发展，就要努力促进互联网与实体经济的融合，努力抢占新一轮产业的竞争制高点。

互联网不仅是基础，还是平台。当"人与人""人与物""物与物"之间实现了高速连接后，信息的流动更加自由，交易效率和生产效率也大大提高，继而催生出众多新模式和新业态。同时，借助互联网，企业就能对世界上的研发资源和劳动力资源进行有效配置，让基于网络的协作式分工成功实现，为生产关系的变革提供助力。

大数据是引擎，更是动力之源。互联网时代，数据的驱动作用越来越强，随着生产要素的催化和重构，以物质生产、物质服务为主的经济发展模式逐渐转变成以信息生产、信息服务为主的经济发展模式，极大地提高了全要素的生产率。

在工业化时代，只要产品从流水线出来，产品形态也就不会发生任何改变了。而在不远的将来，一切都将被改变。例如，水杯的主要作用是盛水，将来水杯还可能对用户的健康数据进行管理，告诉人们如何喝水更健康。这时，水杯不仅是一种实体形态，还是一个数据孪生体，没有生命的杯子被赋予了特定的生命特质。

深化融合发展，有着巨大的意义。

　　首先，能够引发更多的新模式和新业态，如个性化定制、智能化生产、网络化协同、服务型制造等，有利于智能制造、绿色制造的推行，促进制造业发展模式的加速变革。

　　其次，能够推动优化经济结构，培育出新兴产业，改造与提升传统行业，推动新旧动能接续转换，加快产业的步伐。

　　最后，能够推动转换增长动力，补齐平台支撑、应用水平、创新能力等短板，提高制造业发展的质量和效益，优化资源配置，提高全要素生产效率，推动实体经济的发展，构建起一个庞大的现代化经济体系。

# 第二节　大数据与分享经济

## 一、大数据与分享经济相辅相成

　　所谓分享经济，简而言之就是：个人拥有的过剩资源，分享给其他人使用，并获得收益。举个例子：

　　平时除了工作时间用车，私家车就不用停放在自家车库里了，可以将它租出去，赚点儿钱；下班的时候，车位没坐满，就可以顺便带几个人，一起回家；如果车位已坐满，还可以在车外壳上喷涂广告……

　　分享经济，也可以称为共享经济，采用这种方式，每个人都能受益、每个人都能获得利益。从本质上来说，就是通过数据将中间环节消灭。

大数据推动了分享经济的发展。原先由于技术手段或商业模式的限制而无法参与经济领域的生产和生活资源，使用大数据、云计算、物联网等新兴信息技术手段，就能创造出新的商业模式，一旦将其投入经济活动与经济流通中，就能产生更多的经济价值和社会效益。

互联网平台的分享经济坚持数字信息的规则，不会改变所有者的所有权，只是在一定条件下将使用权让渡给他人，实现社会资源的最大化利用。在移动互联网的作用下，分享经济迅速扩张，继而出现了分享经济的新浪潮。

在分享型经济中，并不是单一地分享新鲜事物，因为历代的世人都是这样做的。如今不同的是，引入了易于使用的数字技术，如 GPS 系统，人们能够以最快的速度发出对商品和服务的请求，并做出回应。

数据是分享型经济的一大支撑，只要参与其中，就能分享其数据。

数据是产能计算、社交媒体整合和数字技术等交互的基础，完全可能根据需要获取事物。

分享经济的一个典型例子就是宝马的汽车共享服务。宝马推出了以其电动汽车为特色的 DriveNow 汽车共享服务。该服务类似于同类其他服务：需要用车一小时或一天的司机，可以使用数字技术分享目前所在的位置、想要的车型和目的地等数据。只要在附近找到一辆符合要求的汽车，就可以直接将车开走；用完之后，只要将车送回原地或放在另一个汽车共享地点即可。

分享经济是大数据驱动下的商业模式创新，不仅改变了过去的发展模式，还充分调动和使用了现有的闲置资源。可以预见，分享经济必然会成为经济发展的新动力，促进经济的转型升级。

### 二、"互联网＋大数据"与分享经济成主角

分享经济是"互联网＋大数据"发展的结果，只有形成一定的经济模式，才能赚到钱。例如，如果一家公司的年销售额是 2 000 万元，而成本可能就是 2 000 多万元，为了盈利，就可以扩充或扩张，不断地分享单个经济产生的价值。分享经济要实现的是盈亏平衡，只有达到一定的数据量，才能实现这个目标。

人们一直津津乐道的 O2O 就是线上数据和线下数据相融合，就是数字经济。数据因为共享被无限地放大，这个放大表现在以下几个方面。

（1）从所有权的价值信息到使用权的价值信息。所有权的价值信息在网上可能只有一次，如果共享，就能不断地乘坐同一辆车无限次。

（2）从对于自身的价值到对于其他行业的价值。共享经济时代，已经由企业间的共享变成了整个行业和产业的数据共享，也就是企业之间数据的交换和共享，企业之间数据的交换价值被无限放大。

（3）从单一的数据价值到多元的数据价值。例如，银行的数据价值的活性一般都很差，数据维度也不高，而社交数据就比较鲜活，所以单一的数据

价值对银行有利。可是，一旦将银行数据和社交数据融合起来，数据的流通性就会加快，价值数据也会被放大。

（4）从单一的数据生命周期到重复利用的数据生命周期，提高了数据的价值。

（5）从小密度到多密度。从小价值到大价值，以及经济价值和社会价值等，数据的很多价值都会被释放出来。所以数据时代是要释放数据多次价值，共享经济的企业就成为代表，如 Airbnb（爱彼迎）、滴滴出行等巨头。

大数据与分享经济相辅相成，缺一不可。大数据是信息时代最重要的生产资料，也是未来商业的核心。要想拥有未来，就必须掌握数据。

随着大数据在农业、工业、金融、地理信息、教育，以及医疗等领域的应用落地，数据也变成了像石油和稀有金属一样的战略资源。对于企业家来说，最重要的就是要辨析各种敏感信号，洞察战略大势，绕开陷阱，把握机遇，促成创新。

### 三、大数据推动分享经济发展的方式

随着互联网技术的发展，分享的形式也日新月异，从起初的网约拼车到如今的共享单车、共享充电宝、共享雨伞等，尽管这些商业模式饱受诟病，但这些都是将闲置资源有效利用的商业想法，方向并没有问题，其失败有政策限制、金融监管、交易成本、用户习惯、社会文化、公民素质等多方面因

素，但本质是资源上的整合，提高了资源利用效率与效益。

随着时代的发展，大数据也成了令人瞩目的话题。就现今的经济产业发展来看，无论是大数据的潜在深度价值，还是分享经济模式的效益最大化，企业要想做大做强，就需要抓住大数据与分享经济。

大数据在推动分享经济发展方面有以下几种方式。

### 1. 满足需求

数据是组成共享服务的基础，消费者通过数据对自己感兴趣的事物进行表达，企业获得数据后，迅速进行响应。大数据算法能够将人们与他们正在寻找的具体产品联系起来，将消费者与最符合他们需求的提供商联系起来。例如，正是这种效率使 Uber 的服务广受欢迎，消费者只要点击手机上的几个按键，就能满足自己的需求。

### 2. 为初创公司提供机会

大数据也是初创公司能够经济高效地进入市场的一种方式。数据为初创公司提供了轻松解读和预测消费者需求的机会。这又反过来提高了创业公司所提供服务的质量，甚至使创业公司能够得到来自"众筹"社区的充分和广泛的支持。

### 3. 使个人开展业务

在参与分享经济的公司中，很多公司并不提供服务，提供的只是一个平台、司机、作家、房地产业主及零售商等只要将自己的信息放在这个平台上，并让消费者看到，就可以轻而易举地发展自己的业务。因此，专业人员不仅在职业生涯外拥有完全的自主权，还能方便地跟需要服务的客户取得联系。

4.提高用户体验

参与分享经济服务的用户，一般都更喜欢传统业务；同样，在使用Airbnb服务的旅客中，多数人都更喜欢传统的酒店体验。用户确实享受到了Airbnb提供的服务，但忠诚度远低于接受传统服务的用户。在分享经济中，为了提高竞争力，首先就要在价格上占据优势，如用户能够获得许多价格优惠，能够以最经济的方式享受到服务。

5.确保适者生存

无论是在网上购买二手商品，还是雇人撰写博客文章，抑或是用应用程序招来出租车，都需要跟陌生人接触。在获得服务和产品之前，人们能够参考服务评论，了解产品和服务，这也是大数据在分享经济中的一大作用。

# 第三节　大数据与产业互联网

## 一、消费互联网与产业互联网的区别

如果把互联网的发展分为上半场和下半场，那么上半场面向的是消费领域，主要用户是个人消费者，称之为消费互联网，而下半场面向的则是各个行业的各个领域，从改变消费者个体的行为到改变各个行业、政府乃至社会行为，主要用户是大 B（企业或商家）端，也称之为产业互联网。

以个人为用户，以日常生活为应用场景，就能满足用户在互联网中的消费需求，继而提升用户的消费体验，还能改变人们的阅读、出行、娱乐、生活等习惯，让用户的生活变得更方便、更快捷。

从本质上来说，消费互联网就是个人虚拟化，增强个人生活消费体验，可以解决需求侧的问题；通过互联网的核心能力——连接，实现需求方与消费品的连接，促进消费过程的完成。

从消费对象角度来说，消费互联网的发展一共经历了以下三个阶段。

第一阶段，在互联网上蓬勃兴起的是数字化的消费品，其中很多是与互联网相伴而生的，包括新闻资讯、视频、游戏、社交等，而搜索引擎、社交网络等应用又加速了电子消费品的获取和传播。

第二阶段，电子商务完成了有形商品与需求方的连接，让商品购买跨越了地域和时间的限制，而信用体系、线上支付、物流体系等又助推了电子商务的飞速发展。电子商务也反向推动了商品生产的繁荣。

第三阶段，O2O。随着移动互联网的普及，各类服务与需求方实现了在线连接，在资本的助力下各种服务都被接入互联网。

经过三个阶段的发展，消费互联网的红利慢慢变弱，产业互联网随之出现。如果说消费互联网主要解决的是连接问题，那么产业互联网则要达到更深的连接，要远超消费互联网。

移动互联网发展的速度非常快，只用了短短的几年时间，移动互联网就从原来的"蓝海"变成了现在的"红海"。随着我国人口红利的消失，互联网的流量变得越来越昂贵，获客成本越来越高，消费互联网似乎已经被抛弃，越来越多的企业和创业者加入了互联网的下半场——产业互联网。

消费互联网的出现，源于消费者在互联网中的消费需求；而产业互联网则连接了企业和商家，能够更好地满足它们的需求。所谓产业互联网，就是以生产者为用户、以生产活动为应用场景的互联网应用，有利于生产、交易、融资、流通等环节的改造。

从硬件环境来说，消费互联网的普及是由个人计算机、智能终端、网络连接成本的下降等来推动的，产业互联网的突破是由更低成本的传感器、数据存储和更快的数据分析能力所推动的。从推动因素来说，消费互联网之所以能够得以迅速发展，是因为个人生活体验借助互联网得到了极大的提升，购物、阅读、娱乐、出行等更加方便快捷。

消费互联网与产业互联网的区别主要表现在以下几个方面。

1.思维方式和理念

消费互联网强调"连接"，是流量思维，依赖与用户之间的连接创造发展的奇迹。在实际表现中，用户数量实际上就是考量一个企业与用户的连接能力，访问的用户数量越多，其产品销售机会就会越大，其营销分析的主要模型是销售漏斗模型。产业互联网强调"融合"，是协同发展，体现的是供应链的整合逻辑，建立供应链生态环境。

2.盈利模式

消费互联网盈利的本质是依赖减少供应链中的交易环节，降低生产企业与消费者之间的交易成本，把压缩掉的成本作为其盈利的来源；产业互联网盈利的本质是降低成本，获取高于市场平均利润的利润。产业互联网通过生产企业内部的流程改造、技术升级和数据分析，提高了生产效率，针对外部市场方面，通过供应链平台体系，与用户建立了生态联盟，增强了与用户之间的黏性，用户与生产企业使用同一个供应链平台系统，用户、中间经销商和生产企业均减少了盲目性，由过去的定性分析和感性操作变成了定量分析和稳定收益。

3.消费群体

消费互联网面对的是消费者，是个人，每个人都可能是消费者。产业互联网更专业，必须是"产业＋互联网"，而不是"互联网＋场景应用"，它以产业为基础，从产业出发，重点放在产业上，而不是互联网上，产业的互联网是技术手段。

4.使用和侧重的技术

消费互联网使用的技术主要集中于云计算。现在几乎所有的互联网企业均在"云"上，或者在小而美的垂直电商平台上。产业互联网使用的技术，除了云计算外，还有物联网、人工智能、区块链和大数据。

**二、大数据与产业互联网的关系**

在互联网发展的过程中，我国的互联网行业主脉是消费互联网时代。互联网企业出现于世纪之交的数字空间，为了利用平台模式实现自己的目标，对实体世界一共发起过三波"进击"。

第一波出现在 2010 年以前，对若干传统产品或服务进行了颠覆性攻击，范围涉及与互联网接壤的周边，取得了可观的成绩。

第二波出现在 2010 年以后，2015 年以前，同样是对传统产品或服务进行的攻击，但涉及范围进一步扩展，以共享经济、O2O 和智能硬件为代表，取得半数的成功。

第三波出现在 2015 年以后，主要进攻的是企业服务领域，也就是产业互联网。

随着产业互联网的到来，各行业都逐渐实现了互联网化。产业互联网的商业模式以"价值经济"为主，将传统企业与互联网融合起来，就能找到全新的管理与服务模式，为用户提供更好的服务体验，创造更高价值的产业形态。

产业互联网具有业务"云端化"、连接"泛在化"、数据"多样化"、计算"边缘化"、网络"弹性化"、云网"协同化"和能力"开放化"七个主要特征，如图 3-1 所示。产业互联网在制造业、政府治理、金融、教育、医疗等领域具有广阔的应用前景。

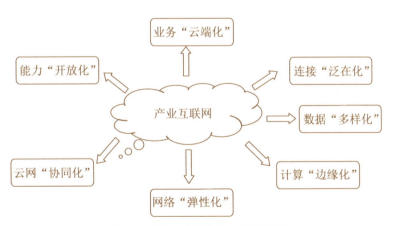

图 3-1 产业互联网的七个主要特征

大数据用在产业互联网上，能够实现产业互联网可视化，常见的形式包括数据统计分析、宏观态势把控、工业生产数据分析。合理、恰当的可视化形式能够帮助产业生产者更加深刻地透过数据看清产业的本质规律，从而实现提高资源配置和交易效率的目标。

1. 数据统计分析

如今，数据统计分析是将所有有价值的数据集中在一个系统里体现，被广泛用于政府、企业经营分析等领域。数据统计分析可视化，实现了数据的浏览和分析等操作的可视化和交互式，有利于决策者获取决策依据、进行数据分析和决策。

2. 宏观态势把控

所谓态势，就是在特定环境中，对随时间推移而不断变化的目标实体进行觉察、认知和理解，最终将整体态势展示出来的过程。只要建立复杂的仿真环境，积累大量数据，就能直观、灵活、逼真地展示宏观态势，促使决策者以最快的速度掌握某一领域的整体态势、特征，做出判断和决策。

宏观态势可视化可应用于城市的综合管理、航天的卫星运行监测、航空的航班运行情况、气候天气态势特征分析等领域。例如，城市管理者可以通过城市车辆运行的可视化呈现，以此了解城市交通态势，从而做出相应决策；航天管理者通过将宇宙空间内所有卫星的运行数据进行可视化展示，让大众了解宇宙空间的卫星态势。

3. 工业生产数据分析

在工业企业中，生产线处于高速运转阶段，由工业设备所产生、采集和处理的数据量远大于计算机和人工产生的数据量，生产线的高速运转还对数据的实时性提出了更高的要求，要想在激烈的竞争中取胜，关键在于大数据的破解。因此，工业生产数据分析系统是工业制造业的最佳选择。

所谓工业生产可视化，就是将虚拟现实技术运用于工业监控系统，以生产厂房的仿真场景为基础，对各工段、重要设备的形态进行复原，在厂房视图中直接展示作业流转状态；在单体设备视图中，以仿真动画的方式将机械设备的运行模式展现出来，将图像、三维动画和计算机程控技术与实体模型融合在一起，对设备进行可视化操控，使管理者清晰地知道设备运行中产生的参数，降低劳动强度，提高管理效率和管理水平。

将大数据运用在产业互联网上，能够极大地改变各行业的链条关系，不仅会简化很多中间环节，还能模糊制造业和服务业的界限。例如，链家原本是一家传统的房地产中介商，如今已经在线上取得了骄人的成绩，甚至还直接融入租赁业务，完全改变了过去的业态。

## 三、从消费互联到产业互联

简单地说，消费互联网的用户是个人，产业互联网的用户是商家。腾讯、百度、今日头条等都是典型的消费互联网公司。它们面向 C 端（用户）提供产品和体验，并借助聚集起来的巨大流量直接（游戏付费等）或者间接（广告等）地获得收入。

如今,商业模式已经从简单的 B2B（商家对商家）或 B2C（商家对用户）模式向更高层级发展。例如，在 B2C 的基础上发展到 S2B2C（供应商对商家对用户），即"品牌供应商 – 商家分销 – 客户"的流程。随着技术的不断创新，商业模式也逐步从消费端转移到企业端。只有大型科技企业，才能将 C 端的需求和数据整合起来，并向 B 端提供资源。

现在很多网络的出发点更多的是在围绕人类,对人们的生活、工作、消费、学习等各方面不断地完善，从而让整个社交网络更加类似于人脑系统，也可以说是互联网的智能系统。这主要是从人的角度考虑，可以把它当作一种消费互联网。随着各项技术的不断发展，对于消费而言已经达到了一种饱和状态，所以人们又开始在不断研发其他工具，也就是现在的云机器人。

消费互联网的发展开始于 2008 年，物联网则开始于 2009 年，发展到现在，已经经历了一种质变过程。2015 年以后，人工智能得到大面积普及，相关应用也提出了更高的要求。接下来，随着互联网的不断发展，所有的智能设备都会被联系到一起，等待我们的将是"云端智能"。

不同于消费产生的互联网，如今更多的是在工业、农业、城市建设等方面表现出来的智能。产业与产业之间实现了更多的互联，逐渐替代了消费互联。

以上发展过程首先要通过物联网设备终端和云端的连接，让更多的智能设备统一连接到网络上。这一个过程要面临很多问题，但是只有经过这一步，才能将消费互联网和产业互联网结合在一起，形成一个更加强大的社交网络，迎来一个全新的智能时代。即使这个过程需要经过几十年的累积，但是它一定会来临。未来，互联网肯定还有更多的发展空间，且会在不同的方面不断演变，最终呈现一个更好的世界。

从本质来说，产业互联网是指用开放的、全球化的网络将人、数据和机器等连接起来，是中国、美国、德国等重塑制造业的着力点。不同于以往的B2C企业，工业领域的公司相对保守。此外，工业互联网涉及的连接较长，不仅涉及各种硬件设备，还要考虑端与端之间的连接，以及生产、制造、运维、服务等全流程的体验。如此，就需要完善工业互联网的体系架构，确立网络基础、数据核心、安全保障的发展思路；同时，各企业还需要通力合作、资源共享。

不论是消费互联网，还是产业互联网，本质上都不在于技术本身形态的差异，而在于技术是如何改变消费者的，更在于产业价值链内的行为特征以及价值的产生和分配。

从很大程度上来说，产业互联网的发展必然会受到消费互联网拉动效应的影响，因此对产业互联网进行分析时，不能将两者完全割裂开来，需要进行对比和融合。

## 四、产业互联网的价值和发展趋势

从本质上来说，互联网就是共享经济。

B2B 产业互联网与 B2C 消费互联网最大的区别在于，前者更加专业和复杂，交易后还要经过很多环节，可服务的点更多，可带来的共享经济更加凸显。

产业互联网是对传统制造业产业供应链的思维、模式、系统、服务、运行、流程的范式转变，而不是妥协现实和困难对传统信息化管理系统的渐进性改造和整合，必须是对产业经济社会化分工协作下的多元多边供应链关系进行颠覆性、系统性、全面性、创造性的重构与服务。

产业互联网的最大目标和价值就是跨产业、跨组织、跨部门、跨设备的共享和协作流程互联组网，必须创新重构系统，内部集成，外部互联，内外互通组成一张网，即实现"大系统、大数据、大流程"的模式。

产业互联网并不只是为了智能制造，其价值主要体现在智慧供应链上，主要包括智慧采购、智慧销售、智慧物流、智慧仓储、智慧研发、智慧金融、智慧服务，以及智慧零售等，这也是智慧供应链的内涵。

产业互联网的发展趋势主要体现在以下两个方面。

（1）消费互联网的发展让许多行业的需求端都发生了显著变化，尤其是消费者呈现出更加明显的个性化需求特点以及更快速的需求变化特点。为了更好地响应消费者的需求特点，很多产业都出现了产业链裂解的趋势，早期带有明显一体化特点的产业链逐渐在专业化分工的基础上进行分解；同时，在各价值链环节上出现了大量的基于市场竞争关系而存在的专业化参与者，围绕产业价值链构成了生态系统。构成生态系统的价值链参与者之间既存在一定的合作关系，也存在一定的竞争关系，要想将这些参与者整合成一个在效率、柔性上具有良好平衡的生态化系统，就要依赖于产业互联网内的融合机制。

（2）产业互联网能够打破传统意义上的行业边界与界限，产业互联网不得不将原本分属于不同行业或业务类别的价值链进行融合与重构。例如，车联网对于汽车产业的发展造成影响，就要重新定义"汽车"的产品概念；随着人工智能、物联网和互联网技术的融合，汽车产业的主导力量也将发生转变。

# 第四章 大数据与物联网

# 第一节 大数据与物联网的协同作用

### 一、大数据与物联网的关系和协同发展

物联网又叫传感网，是物物相连的互联网，只要嵌入一个感应芯片，就能把它变得智能化。其综合运用了新一代信息技术，是世界产业技术革命的第三次高潮，市场前景异常开阔。

物联网是一个由互联设备，如计算机、汽车、智能手机、厨房电器、心脏监测器等组成的网络。随着技术的逐渐进步，手表、心脏起搏器等小工具都被嵌入了传感器，都能由远程设备进行控制。传感器和芯片主要负责数据收集，之后将数据发送到另一个地方进行分析。

通俗来说，物联网就是把"物"和"互联网"连接起来，进行信息交换和通信。例如，智能家居，家里的所有电子设备、安防设置等都可以连接到家庭智能终端。若在公司看到终端显示家里着火了，就可以马上启动消防装置并报警；快到家时，可以通过手机打开空调、热水器等。因此我们可以看到，物联网是一个非常强大的数据来源。物联网所搭建的"万物互联"网络会令数据量呈爆炸性的增长。这些数据的价值就需要通过大数据对其进行管理、分析，从而发掘出有价值的规律、有意义

的洞见。

借助遍布全球的传感器和智能设备，物联网触发了数据。只有借助大数据技术和框架，才能对庞大的数据量进行分析和处理。

物联网的数量越多，需要的大数据技术也就越多，企业要将重点转移到实时易于访问的数据上，不仅在于这些数据会对客户群造成影响，通过数据挖掘还能得出有意义的结论。借助现有的大数据技术，就能将传入的传感器数据充分利用起来，并进行存储，进行高效分析。

未来，大数据和物联网的协同发展如图 4-1 所示。

| 物联网是大数据的重要基础 | 大数据的数据来源主要有三方面，分别是物联网、Web系统和传统信息系统，其中物联网是大数据的主要数据来源，占整个数据来源的90%，所以说没有物联网也就没有大数据 |
| 大数据是物联网体系的重要组成部分 | 物联网的体系结构分成六个部分，分别是设备、网络、平台、分析、应用和安全，其中分析部分的主要内容就是大数据分析。大数据分析是大数据完成数据价值化的重要手段之一，目前的分析方式有两种：一种是基于统计学的分析方式；另一种是基于机器学习的分析方式。当大数据与人工智能技术相结合之后，智能体就可以把决策通过物联网平台发送到终端，当然，决策也可以是人工做出的 |
| 物联网平台的发展进一步整合大数据和人工智能 | 当前物联网平台的研发正处在发展期，随着相关标准的陆续制定，未来物联网平台将进一步整合大数据和人工智能，物联网未来必然是数据化和智能化的 |

图 4-1　未来大数据和物联网协同发展

### 二、大数据和物联网结合带来的变化

物联网的发展离不开大数据，依靠大数据就能提供足够有利的资源；同时，大数据还能推动物联网的发展。

如今，物联网已经通过各种方式改变了人们的生活，它不仅渗透到了教育、智能家居、运输、制造业等领域，还能跟传感器、可穿戴设备、智能手机、语音应答设备、医疗设备等连接在一起。这些物联网设备都在传输数据，但要想处理如此庞大的数据并进行实时检查，就需要新的硬件和软件基础设施；要想处理持续生成的数据，就需要不断发展和改进数据处理技术。这就是物联网与大数据连接的地方。

大数据是物联网中的关键技术，二者的结合能够为物联网系统和应用的发展创造更好的技术基础。例如，智能安防应用。

智能安防行业是典型的大数据与物联网结合的应用场景，物联网技术的普及应用让安防一改过去简单的安全防护系统，演变为城市综合化体系，涵盖众多领域，如机场、银行、地铁、车站、水电气厂、道路桥梁等。

大数据和物联网结合带来的实质性改变有以下几个方面。

1. 为创造智能城市提供助力

（1）利用连接和数据分析，能够改善城市流动性，缓解交通拥堵等问题。

（2）结合实时数据，连接强大的分析平台，城市规划部门和当地政府就

能了解居民和游客的习惯，得出全新的见解。

（3）大数据可以对当局者预测未来的项目造成影响，帮助当局者做出明智决定。

2. 为人们节省生活成本，提高医疗保健质量

生活中，看病问题是人们关心的重要问题，只有健康得到保障，人们才能生活得更幸福。如今虽然物联网已被引入不同行业，但人们异常关注数据的隐私和安全，医疗保健行业仍然落后于其他行业。可是，即便如此，遇到一些特殊情况，医院也会使用物联网和大数据分析。例如，一些医院推出了"智能床"，如果检测到某个床位被占用或病人可能试图离开床面，就会自行调整，减轻人员的压力并提供支持。

此外，新技术和数据跟踪还能帮助医疗保健专业人员与病人实现互动，减少病人对医生提供现场服务的需要；在很多国家，"大数据＋物联网"还让病人实现了慢性病花费预算；运用大数据分析，还能确定慢性病的早期检测和治疗，发现患者的趋势和行为，支持更有效的药品分配。

3. 物联网和大数据"牵手"区块链能够实现更多可能

区块链是如何改造物联网的？区块链能带给物联网何种价值？答案就是区块链技术有望带来没有任何第三方"认证"的物联网。

区块链的分布式账本技术填补了物联网的五大关键缺陷，如图 4-2 所示。

① 基于区块链的分布式账本可以为物联网提供信任、所有权记录、透明性、通信支持

② 物联网社区将在几年后开发私有链，以极其安全的方式保存交易信息。利用中心化服务器收集和存储数据的物联网架构可以把信息写入当地账本，并与其他本地化账本同步，保证事实的安全性和唯一性

③ 区块链上所有物联网交易添加时间戳，保证后人可用

④ 区块链的真正创新在于数字协议或者说智能合约，可以应用于区块链数据，在物联网通信中执行商业条款

⑤ 物联网的最大缺陷之一是安全标准不到位，具备高端加密技术的区块链可以解决安全问题

图 4-2 区块链的分布式账本技术填补了物联网的五大关键缺陷

区块链是一种记录交易数据的计算机数据库，只不过这种数据库存储在不同的地方。其分布式的网络结构提供了一种机制，使设备之间可以达成某种共识，不用通过数据中心（服务器）进行验证。如此，即使一两个节点受到攻击，整体网络体系的数据依然是可靠的和安全的。

区块链技术有助于实现物联网平台的分布式数据存储和交互，保证数据的安全性和可信性，同时将数据交互的信息记录下来。

如今，区块链已经被广泛应用到工业设备、智慧交通与智慧城市等领域。例如，在建筑领域，创建了去中心化的物联网账簿，可以记录和保存智能设备之间的交互信息。

# 第二节　物联网与大数据连接的方式

## 一、物联网、大数据、云计算三者的关系

物联网、大数据和云计算三者互为基础。其中，物联网能够产生大数据，大数据需要依靠云计算：物联网会将物品和互联网连接起来，实现智能化的识别、定位、跟踪、监控和管理，继而产生大量数据；云计算则可以将万物互联带来的巨大数据量充分利用起来。

物联网、云计算和大数据就是一个整体，彼此之间相互发展、相互促进。

物联网产生大数据，大数据助力物联网。目前，物联网正在支撑起社会活动和人们生活方式的变革，被称为继计算机、互联网之后冲击现代社会的第三次信息化发展浪潮。

云计算、大数据和物联网代表了 IT 领域最新的技术发展趋势，三者既有区别，又有关联。万物互联模型如图 4-3 所示。

图 4-3　万物互联模型

物联网是万物互联的结果，是人和物、物和物之间产生通信和交互。想象一下，相当于一个物品也有了一部手机（芯片），可以给出频率、方位、轨迹、习惯。这些通信和交互，最终都以数据的形式呈现，而数据就可以被存储、建模、分析。人的数据被采集，物的数据也被采集，人与人、人与物、物与物各自的数据和相互之间的数据，随着时间的推移，都被采集记录了下来。所以，物联网是大数据的基础。

有了物联网做基础，那么，大数据的数据就是物联网提供的。以前是人人互联、人机互联，现在是万物互联，其数据更加庞大，因此而带来的大数据结果将更加丰富和精确。可见，大数据是物联网的最佳应用。

云计算是一个计算、存储、通信的工具，只有依靠云计算的分布式处理、分布式数据库和云存储、虚拟化技术，物联网和大数据才能形成行业级应用。物联网、大数据、云计算的关系是：通过物联网收集海量数据，存储在云平台；之后，通过大数据分析，提取云计算平台存储的数据，为用户提供更好的服务。

云计算是互联网核心硬件层和核心软件层的集合，也是互联网的中枢神经系统。运用云计算模式，就能对物联网中数以兆计的各类物品实现实时动态管理，让智能分析成为可能。

物联网能够将射频识别技术、传感器技术、纳米技术等新技术运用在各行各业中，实现多种物体的连接；同时，通过无线等网络将采集到的实时动态信息送达计算处理中心，进行汇总、分析和处理。

从物联网的结构看，云计算是物联网的重要环节。物联网与云计算的结合，必然会通过能力资源共享、业务快速部署、人物交互新业务扩展、信息价值深度挖掘等带动整个产业链和价值链的升级与跃进。物联网强调物物相连、设备终端与设备终端相连，云计算能为连接到云上的设备终端提供强大的运算处理能力，降低终端本身的复杂性。

## 二、大数据与物联网在生活中的应用场景

大数据与物联网在生活中的应用场景可以说无处不在，未来会有越来

多可以实现的可能性。例如,在生活方面,我们曾经幻想冰箱、微波炉、咖啡机、空调等能与我们对话,这些都是物联网中的应用,利用计算机技术,运用智能硬件、物联网技术、通信技术,将家居生活的各种子系统有机地结合起来,通过统筹管理形成一个大的控制中心,这样就能使它们和我们对话。

　　当然,大数据和物联网未来的应用场景远不止生活中的这么简单,它涉及多个领域和方面。下面列举一些例子。

　　(1)车队管理。利用大数据技术,能够对车队车辆的速度、行驶里程、休息停靠、油耗,以及发动机使用情况等进行监控,有利于减少有害物质排放和燃料消耗。

　　(2)卫生保健。例如,利用可穿戴式健身追踪器和医疗应用程序,可以帮助人们监控自己的健康状况。从这些设备得到的数据,可以用于追踪血压、血糖水平等参数,从而预先诊断感染疾病的可能性,还能有效整合各应用程序,如手机、笔记本电脑、平板电脑和云等,用于远程病人监控。未来,这类医疗公司会越来越多,应用大数据监控病人的健康状况也会广泛应用于医疗机构。

　　(3)绿色农业。使用物联网,可以全面提升农业的科学生产水平。例如,利用各类数据,就能控制农药残留,实现绿色化。有一家销售农场设备的跨国公司,借助大数据对各种参数(如土壤湿度水平等)进行预测。之后,数据被发送到一个集中管理平台，根据湿度水平，提醒农民何时进行灌溉。

（4）智能安防。随着物联网技术的普及应用，安防系统逐渐向城市综合化体系演变，如机场、银行、地铁、车站、水电气厂、道路桥梁等。采用物联网技术，通过无线移动、跟踪定位等手段，成功建立起了全方位的立体防护。在智能安防领域，只有做好数据的产生、存储和处理，才能制订最佳的智能安防解决方案，才能更好地指出该方案存在的问题，大大提高智能安防产品的服务质量。

（5）智慧商超。在商超领域，物联网的应用也异常广泛。除了相对成熟的仓储管理系统，还适用于商超结算系统。目前，国内商超的一大难题是结算速度太慢，当客流量较大时顾客的购物体验差。随着电子标签成本的不断降低，完全可以通过物联网技术来实现快速自助结账。

# 第五章 大数据与人工智能

# 第一节　大数据与人工智能的关系

### 一、区别：大数据做输入，人工智能做输出

要厘清大数据和人工智能（AI）的关系，先要从它们的定义说起。想要给大数据下一个准确的定义比较难，但我们知道其本质是海量的、多维度的、多形式的数据，这是大数据的基本定义。人工智能概念如图 5-1 所示。

图 5-1　人工智能概念

什么是人工智能呢？所谓人工智能，是指通过研究和开发，找到用于模拟、延伸和扩展人的智能的理论、方法、技术及应用系统。具体表现为，让计算机系统通过机器学习等方式，获得可以履行原本只能依靠人类的智慧才

能胜任的复杂指令任务的能力。

大数据的主要目的就是，通过对数据的对比分析，掌握和推演出更优的方案。以购物网站的信息推送为例，用户之所以能够接收到不同的推送内容，是因为大数据根据用户日常搜索和观看的内容，推断出用户的偏好，并将其推送给用户；而人工智能的开发，则能帮助企业更快、更好地完成这些任务。

其实，不管是汽车自动驾驶、自我软件调整，还是医学样本检查，人工智能都能以更快的速度完成，且正确率更高。只要掌握必要的机器学习方法，就能知道用户生活中的重复性事项，从而高效地达成目标。

大数据与人工智能的一大区别是，大数据需要在数据变得有用之前进行清理、结构化和集成的原始输入，而人工智能则是输出，即处理由数据产生的智能。如此，二者也就有了本质上的区别。

人工智能是一种计算形式，允许机器执行认知功能。例如，对输入发挥作用或做出反应，与人类的做法类似。虽然传统的计算应用程序也会对数据做出反应，但必须采用人工编码，一旦出现差错，应用程序无法做出反应；为了适应调查结果的变化，人工智能系统会不断地改变它们的行为。

支持人工智能的机器，可以对数据进行分析和解析，然后解决问题。通过机器学习，计算机就能一次性地对某个结果采取行动或做出反应，并在未来采取相同的行动。

大数据是一种传统计算。它不会根据结果采取行动，而只是寻找结果。它定义了非常大的数据集，但也可以是极其多样的数据。在大数据集中，可以存在结构化数据，如关系数据库中的事务数据，也可以存在结构化或非结构化数据，如图像、电子邮件数据、传感器数据等。

大数据和人工智能在使用上也有一定的差别。大数据主要是为了获得洞察力。例如，Netflix 网站根据人们观看的内容、习惯和喜好，推断出客户可能喜欢的类型，并向其推荐具体内容。

大数据技术实现了多个维度，多种类数据的记录、挖掘、推荐、分类、关联，以及清理等，它可以理解为我们有了还原信息世界的手段，包括记忆、思维、文化、需求等，更确切地说，我们通过大数据技术，可以最大限度地还原、关联，以及呈现这个世界的信息内容。

人工智能技术让物质的世界在逻辑、思维层面开始最大限度地适应、体现人的主观需求，机器主题意识的培养、目标的培养、自我学习能力、遗传进化能力等，都使得人类多了一种认识世界、了解自己，以及体现价值的技术和途径。

当今的社会仍然要坚持以人为本，我们要不断地创新，让人们始终充满着对世界、对生命的敬畏与感恩，我们要不断地突破联系世界的方式、认识这个世界的本源，从而适应并改造这个世界。

### 二、协同：人工智能需要数据来建立其智能

大数据与人工智能均是时下热门的话题，将两者结合在一起，是未来的必然趋势。在人工智能机器学习的过程中最需要的就是数据。如果要将机器学习的精准率从 90% 提高到 99%，则需要的不是已经学过的数据，而是和以前不一样的数据。因而，未来大数据与人工智能共生将创造无限可能。

同样，人工智能的发展也离不开大数据的推动。以大数据驱动的人工智能生态系统，打破了全球数据垄断性壁垒，能够让数据资源方、应用开发方、运行平台资源方和用户共同在平台上自由发布和使用各自的资源和应用，用更低的技术门槛和成本将人工智能应用生态建设到平台上，从而有效降低人工智能的学习边际成本。

从技术本身看，大数据和人工智能是两种截然不同的技术，两者都可在各自的领域应用和落地。不过，两者也有一定的关联，大数据是新型的分布式数据库技术，因而大数据和人工智能有合作的空间。

以目前已经问世的一款著名机器人"索菲亚"为例，她可以进行几乎完美的访谈，并能像知名学者一样概述人工智能的目标是让世界变得更美好，但这是因为此前她一直在被动学习相关知识。机器如果能学好，同样也能学坏。万一机器只学坏而不学好怎么办？在之前，这些问题是无解的。大数据的主要功能之一就是提高数据质量，对接人工智能后，大数据能保证机器尽

可能地学习好的知识，接入人工智能则可以帮助公众从少数大型科技公司手中抢夺控制权，更好地使人工智能造福于民众。

许多企业宣称它们在使用人工智能技术，事实上用户必须手动编程。真正的人工智能还远不是主流，而大数据既可以改善人工智能的质量，并以此促进自身的改善，同时其功能可以吸引更多的人来参与人工智能项目，让更多的资本攻坚尖端技术，共同应对前方的挑战。现在它们之间已经擦出了一些火花，且相关可能性永无止境。

一旦大数据技术与人工智能结合在一起，就会产生巨大的潜力。双方不仅可以帮对方解决技术难题，还能利用对方的技术攻克难题。例如，利用机器学习图像识别应用程序，可以查看数以万计的飞机图像，了解飞机构造，便于未来识别。

大数据虽然为我们提供了大量的数据，但必须先从繁杂的数据中提炼出有用数据，才能接着去做其他事情。人工智能和机器学习中使用的数据就是有用的数据，无关的、重复的和不必要的数据都已经被清除。这是第一种计算方式。

另外，人工智能蓬勃发展，大数据可以为其提供训练学习算法所需的数据。例如，初始培训可以定期收集数据。人工智能应用程序一旦完成最初的培训，并不会停止学习。随着数据的变化，它们将继续接收新数据，并调整它们的行动。因此，数据是最初的和持续的。这是第二种计算方式。

这两种计算方式都使用模式识别，但方式有所不同。大数据通过顺序分析来找到模式，有时候是冷数据，或者是没有收集到的数据。Hadoop（分布式计算）是大数据分析的基本框架，它是最初设计用于在低服务器利用率的夜间运行的批处理过程。

机器学习从收集到的数据中学习并不断收集。例如，自动驾驶汽车从未停止收集数据，并且不断学习和磨炼其流程。数据总是以新鲜的方式出现并始终采取行动进行处理。

不论是开发人工智能，还是与之协同工作，都需要用机器听得懂的语言和它们交流。因此，数据编程是人工智能时代的必备技能。如今，英美等国已经将计算科学列为基础必修课程，因为他们认为：编程技能不仅是信息产业对人才的需求，更是所有产业的需求；产业不仅需要软件专业人才，更需要掌握编程技能的产业专业人才。

我国政府在《新一代人工智能发展规划》中明确提出：实施全民智能教育项目，在中小学阶段设置人工智能相关课程，逐步推广编程教育，鼓励社会力量参与寓教于乐的编程教学软件、游戏的开发和推广。

所以，未来大数据和人工智能的协同发展还有很广阔的前景，不但能够发展，还会有更多的创新。

## 第二节  大数据与人工智能的应用

### 一、没有大数据，就没有人工智能

大数据和人工智能可以很好地协同工作。人工智能应用的数据越多，获得的结果就越准确。只要拥有大数据，在任何领域都能找到一展身手的空间，都能做出高质量的人工智能应用，都能创造更多的创业机会。人工智能虽然不会像人类那样推断出结论，但依然可以进行试验和错误学习，只不过需要借助大量的数据。

在过去，人工智能由于处理器的速度慢、数据量小而不能很好地工作，也没有像当今这么先进的传感器，并且当时互联网还没有广泛使用，所以很难提供实时数据。如今，人们拥有所必需的一切：快速的处理器、输入设备、网络和大量的数据集。毫无疑问，没有大数据就没有人工智能。

人工智能其实是个庞杂的概念，但大都奠基于一项基础的关键技术，即机器学习。

机器学习技术并不是自主学习能力，而是从过去的技术萌芽发展而来的。例如，机器如何进行深度学习？

想象一下：公路上，一辆搭载深度学习能力的车辆正在自动运行，可是对路线完全陌生，行人还可能随时冲出马路，面对这种路况，机器会做出怎样的反应？

其实，只要通过深度学习，就能获得海量的数据资讯，包括路标、建筑物、树木、行人等，继而辨识出具体物体，快速而精准地避开障碍，找出最佳路径，顺利抵达目的地。

事实证明，数据越丰富，机器的辨识度越精准，判断力越高。由此，要想让人工智能的思考能力得到提高，就要依赖于大数据。从这个意义上来说，数据越丰富，深度学习力越好，智能效果也就越精准。

大数据是人工智能的前提，离开了数据的"喂养"，机器无"数"可学，也就谈不上智能了。除了围棋高手AlphaGo、IBM 的 Watson 等，跟生活联系紧密的应用也都是大规模数据驯化的结果。例如，语音识别，需要足够的语料库和人工字幕作为训练样本进行训练，才能得到较好的模型；再如，图片识别，不仅源于算法的进步，海量图片以及相应的标注更是智能应用产生的前提；同时，机器对自然语言的"理解"，更将人工智能推向了新高度。

## 二、"大数据＋人工智能"的应用案例

在人工智能中，大数据技术有着较为广泛的应用。人类受自身原因的限制，无法从事某些特定的工作，但利用智能机器人，完全可以将这些工作完成好。其中，大数据技术就发挥了重要作用。

下面介绍几个"大数据＋人工智能"的应用案例。

**案例一：水下搜救机器人**

发生沉船事件后，受船体内部结构等的影响，潜水员贸然下水会遇到较大的危险。为了解决这个问题，可以投放人工智能水下搜救机器人，了解水下部分的船体环境。

早期的水下搜救机器人是由人远程操控的，主要是利用线缆进行远程控制，一旦遇到比较复杂的环境，就会发生线缆磨损、断裂等问题，严重影响搜救效率。

使用大数据技术后，人工智能水下搜救机器人只要获得沉船模型，就能根据船体倾斜姿态确定自身所在位置，然后利用视频图像处理、水下动态建模、实时定位等技术，对沉船内部情况进行检查、对比和记录；完成检查工作后，沿着自己记录的路线返回；工作人员导出内部数据后，根据对应的动态建模信息，就能确定搜救方案。

**案例二：智能建筑**

在城市高层建筑中，受传统消防技术的限制，一旦发生火灾，消防人员可能无法及时提供救援，只能错过救火的最佳时机。可是，在智能建筑中，这一问题得到了完美解决。利用大数据技术，能为高层建筑设计出最科学的自动喷淋装置，确保灭火效果达到最佳；同时，还能使用视频监视系统，对建筑物内存在的消防安全隐患进行分析，如监视吸烟人员的行为、监控智能建筑内供电系统的负载用电情况等。

此外，智能建筑的温度调节系统也利用了大数据技术。设计人员可以将智能建筑内部的温度、湿度和人员数量与大数据模型进行匹配，对数据信息进行计算，得到最佳的室内温度控制信息并进行调节，为人们提供最舒适的温度和湿度。

### 案例三：智能门禁

有些高端写字楼，为了禁止外来人员进入某些位置，设计了基于大数据技术的智能门禁系统。管理方会将相关人员的面部信息、指纹信息等录入数据库，只要该人进入身份识别区，计算机图像识别软件就会主动录取其面部特征信息，获取该人的指纹信息，调用数据库进行信息比对。如果与数据库信息相吻合，该人就能进入；否则，门禁系统就会自动报警，并将该人的面部信息发送至安保部。

### 案例四：外墙清洗服务机器人

外墙清洗服务机器人能够像"蜘蛛人"一样爬在外墙上，自动对外墙进行清洗，不仅能攀爬越障和飞行移动，还能在高层建筑上进行作业。

外墙清洗服务机器人综合了机器视觉的最新技术，可以通过特殊的算法及高速并行处理方式，对墙面的材质变化进行识别，提供不同的清洗方案，对外墙框架线条的变化进行精细测量，进行全面清洗。

**案例五：智能客服机器人**

智能客服机器人服务平台可以精准地对访客问题做出判断，给出正确答案。智能客服的好处是：可以利用对重复问题的学习记忆，进行快速回答，以及对错误语法和字词进行模糊处理等。

在咨询过程中，如果有些问题确实需要人工解答，智能客服机器人就会主动进行切换，由后台客服人员进行回复。目前，智能客服机器人服务平台已经被广泛运用在360商城、酷派商城、东软、巨人游戏、猪八戒网等科技公司，成功覆盖电子商务、手游、网络媒体等多个领域。

# 第六章 大数据与智能制造

# 第一节 大数据与智能制造的关系和现实意义

## 一、大数据是智能制造核心的驱动力

智能制造的实质是通过全链条、全生产线、全周期的数据化而获得更智能、更高效的产品和服务提供能力。

大数据与智能制造之间的关系可以概括为：在制造系统中，问题在发生和解决的过程中产生了大量数据，通过对这些数据的分析和挖掘，了解问题产生的过程、造成的影响和解决的方式。

通常，由智能制造产生的数据有两类：一类是人类轨迹产生的数据；一类是机器自动产生的数据。两类数据构成了大数据的多结构化数据源。

自工业革命以来，为了改进生产，制造商一直都在采集并存储数据，随着时间的推移，制造业对数据的分析需求越来越大。可是，在过去的250年间，虽然利用数据的根本动因没有改变，但数据的复杂性已然增强，更需要提高将数据转化为情报的能力。

数量庞大的数据不是大数据，单一的数据类型也无法构成大数据。在制造业中，要想进行大数据分析，就要用通用的数据模型，将库存记录、交易记录等数据与预警等文本信息结合起来，使用先进的分析工具，探究更多的发现。从这个意义上来说，推动智能制造的并不是大数据本身，而是大数据的分析技术。

在智能制造中，通过信息物理系统，可以将工厂／车间的设备传感和控制层的数据与企业信息系统实现融合，将产生的大数据传到云计算数据中心进行存储、分析，形成决策，并反过来指导生产。

过去，在设备运行过程中，自然磨损会使产品的品质发生一定的变化。随着信息技术、物联网技术的发展，完全可以通过传感技术实时感知数据，知道产品出现的问题、哪里需要配件，真正实现生产智能化。从这个意义上说，在一定程度上，工厂／车间的传感器所产生的大数据直接决定了"工业4.0"要求的智能化设备的智能水平。

此外，从生产能耗角度看，在设备生产过程中，利用传感器对生产流程进行监控，还能发现能耗的异常或峰值情况，在生产过程中优化能源消耗。同时，对流程大数据进行分析，还能从整体上降低生产能耗。

在工业大数据的领域里，除了要继续关心"人为数据或与人相关的数据"外，更多的是要关注"机器数据或工业数据"与用户行为数据的融合。

利用大数据工具，通过数据分析和挖掘，就能了解问题产生的过程、影响和解决方式，找到创造附加价值的新形式；还能帮制造业实现商业模式的转变，提升客户体验，完善内部操作流程。

## 二、大数据与智能制造的关系和彼此影响

智能制造将先进的自动化技术、传感技术、控制技术、数字制造技术，以及物联网、大数据、云计算等新一代信息技术相结合，使工厂设备"能说话、能思考"，进而最大限度地降低生产成本、减少能源资源消耗、缩短产品开发周期，有效提高生产效率，推动生产方式向定制化、分散化、服务化转变。而这些正是工业企业欲在未来长期保持竞争优势的核心要素。

各个国家也在积极布局大数据与智能制造，无论是美国的"制造业回归"、德国的"工业4.0"，还是中国的"中国制造2025"战略，都异曲同工地表达了同样的内容：用云计算、大数据、物联网、人工智能等技术引领工业生产方式的变革，推动制造业的转型升级。

制造业是国家综合国力的最重要表现，在国民经济中不仅占有重要份额，而且还是决定民众生活质量的重要条件。如今，世界各国，尤其是发达国家都已经意识到：制造业是推动科技创新、经济增长和社会稳定的重要力量。美国之所以认为未来智能工业的发展必然会从生产制造端转变到消费端，并提出"工业互联网"的理念，是因为美国最擅长互联网与商业模式的创新。

在工业大数据的实践过程中，总会遇到一些问题，如宏观经济与微观经济、大规模标准化生产与小批量定制化生产等。制造业的发展程度由制造业

的智能化水平所决定，而机械的自动化水平是行业发展的基础。为了减少生产中的浪费，提高工业环保及安全水平，根据生产状况进行智能化调整，在进行工业生产以及满足客户个性化需求的过程中，都会产生大量的数据。

如今，众多管理者已经意识到：贯穿产品生命周期各个阶段的数据，将成为能给企业带来高效增值的极有价值的资源。只要将数据和大数据分析结合起来，之前未知而有待发现的相关性以及打破信息孤岛的可能性就会变得越来越大，大数据就能为管理层提供运营参考。

当然，要想走好智能制造之路，就要从设备智能管理、工业大数据等入手，结合现代制造业企业的下一代企业架构，打造并形成数据红利。

大数据对智能制造的推动作用，主要体现在以下三个方面。

第一，利用数据对问题的产生过程进行分析、建模和管理，避免可见的问题。过去，在设备的运行过程中，自然磨损会引发产品品质的变化。随着信息技术、物联网技术的发展，如今设备已经能够实时感知数据，一旦机器发生故障或产品出现问题，就能通过对比找到原因，避免类似问题再次发生。

第二，从数据中挖掘隐性问题的线索，对隐性问题进行预测分析，及时将其解决。

第三，从结果中找原因，利用知识对整个生产流程进行剖析和精细建模，从产品设计和制造系统设计端就能避免问题发生。

# 第二节　智能制造关键技术与大数据的融合

## 一、大数据改变智能制造

网络和大数据本身都无法为制造业带来价值，数据的技术也不会让制造业变得更先进，网络和大数据要想对产业产生价值，就要先转成信息。例如，智能工厂与环境系统无缝交互，设备就能拥有自我意识和自学能力，未来就能实现更高程度的智能控制和优化控制。

目前，自学设备还没有达到工业实施阶段。制造业企业拥有大量的数据，积累了大量的内源数据，包括运维、管理、流程、质量等。

缺少获取数据信息的手段，信息零散杂乱，就无法轻松掌控数据，数据驱动的目标也会不清晰，要想推进智能制造工作，就要面临巨大的阻力。因此，要想实现系统的智能化，就要获取有效的数据。首先，设备要达到必备的数控化率；其次，所要采集到的数据要有相应的传感或感知系统；然后，运用网络化和信息化技术，对设备组网以及数据进行采集归纳和智能分析。

对大数据进行分析，不仅会提高仓储、配送、销售等效率，还会有效降低成本，极大地减少库存，优化供应链。同时，制造业企业可以对全球不同市场区域的商品需求进行准确预测。

生产线的设备组网，可以通过数据采集与工业软件的智能算法，使系统具备自动输出设备开动率、有效利用率、故障预警信息、维护保养提醒等功能，及时发现车间现场存在的短板、瓶颈、问题等工序，用来指导和改善生产运营的综合管理水平及生产资源的优化配置。同时，还能对关键工序、质控点的工艺参数进行全程监控，对变化趋势进行直观分析，一旦接近极限值或超出工艺控制范围，就能提供声光预警或 App 推送信息，及时进行人工干预，确保生产线的质量保障能力达到可控和稳定状态。

通过网络云平台运作，智能制造便能通过企业自身的智能化产品、智能化管理，产生新的企业运作业态；在生产过程中，还能将工艺、研发、制造等产生的大数据进行加工，存储到后台，通过网络跟客户实现沟通。

利用数据、互联网和软件，企业可以把装备作为终端，对传统模式进行调整或改变；数据被软件定义后，企业就能在互联网上抓生产，实现装备的智能化。

工业云离不开智能制造，而智能制造的重要支撑则是工业大数据。离开了大数据，智能制造也就失去了存在的根本。未来，企业之间的竞争或合作也将从技术、产品和企业转变为生态；采用新的信息技术，互联网、大数据和工业软件等就会被连接在一起，打造和谐的未来生态圈。

## 二、智能制造的未来和发展趋势

进入 21 世纪后，云计算、大数据、移动互联网、物联网，以及人工智能等新兴信息技术与制造业的深度融合，引发了生产制造、产业形态和商业模式的深刻变革，推动了先进制造业的发展。

智能制造发展需经历自动化、信息化、互联化、智能化四个阶段，每个阶段都对应着智能制造体系中某一核心环节的不断成熟。目前，我国依然处于"工业 2.0"（电气化）的后期阶段，"工业 3.0"（信息化）还没有得到广泛普及，与世界发达国家还有一定的差距。

智能制造现阶段在中国才刚刚起步，在迈向智能制造、智能工厂时，需要充分利用工业自动化设备。自动化设备需要接入的生产体系如下。

（1）需要不断丰富功能和应用场景，满足生产需求。

（2）满足信息采集的需求，这里的信息既包括产品信息，也包括操作信息。

（3）在实现标准化生产的同时，要保留一定的生产柔性。

（4）自动化设备的使用界面友好、维修养护费用较低、调试简单等特性也会加快此类设备的普及。

智能制造的具体发展趋势有以下几个方面。

（1）制造全系统、全过程应用建模与仿真技术。建模与仿真技术是制造业的重要工具与手段，由三部分组成：基于建模的工程、基于建模的制造、基于建模的维护，它涵盖了产品设计、制造到服务的产品生命周期。建模与仿真技术始终都在为产品生命周期的各个阶段提供服务，为制造系统的智能化和云端提供技术支持。

（2）在制造业中，物联网和务联网的作用日益突出，通过虚拟网络，能够整合智能机器、存储系统和生产设施。通过物联网、服务计算、云计算等信息技术与制造技术融合，就能构成制造务联网，实现人、机、物、信息等的集成、共享、协同与优化。

（3）供应链动态管理、整合与优化。供应链管理是一个复杂的过程，要想做好供应链管理，就要应用物联网、互联网、人工智能，以及大数据等技术，还要用可视化的手段来显示数据，用移动化的手段来访问数据。通过供应链的全过程管理、信息集中化管理、系统动态化管理，企业就能实现整个供应链的可持续发展，缩短客户订单的时间，提高价值链的协同效率和生产效率。

（4）增材制造技术与工作发展迅速。增材制造技术（3D打印技术）以数字模型文件为基础，运用粉末状的沉积、黏合材料，采用分层加工或叠加成形的方式，逐层增加材料，生成三维实体。利用这种技术，即使不用机械加工或模具，也能直接从计算机数据库中生成各种形状的物体，从而缩短研制周期，降低生产成本，提高生产效率。

# 第七章 大数据与智慧城市

# 第一节　国内外智慧城市建设进展

## 一、国外智慧城市的发展情况

关于智慧城市，百度百科给出的定义是：利用各种信息技术或创新概念，将城市的系统和服务打通、集成，以提高资源运用效率，优化城市管理和服务，以及改善市民的生活质量。智慧城市是把新一代信息技术充分应用在城市中的各行各业，努力实现信息化、工业化与城镇化的深度融合，有助于缓解"大城市病"，提高城镇化质量，实现精细化和动态管理，提升城市管理成效，改善市民的生活质量。

智慧城市建设是城市信息化发展的新方向，受到越来越多的国家和地区的重视。在国际上，很多城市已经开始向智慧城市转型，如荷兰的阿姆斯特丹、瑞典的斯德哥尔摩、丹麦的哥本哈根、奥地利的维也纳、澳大利亚的布里斯班、韩国的首尔等。在中国，智慧城市也是我国信息化的热点领域，很多城市都提出了"建设智慧城市"的设想，有些城市甚至已经启动了智慧城市建设工作。

从概念提出到落地实践，从风险评估到建立全程跟踪监管，关于智慧城市规划与建设的探讨从来都没有停止过。从全球来说，智慧城市的建设呈点状分布，美国的迪比克市、韩国的仁川市、爱尔兰的戈尔韦、丹麦的哥本哈根等都在努力探索城市发展的智慧路径。

2012 年 12 月，美国科罗拉多大学的博伊德·科恩博士对全球智慧城市进行了排名，处于前 10 位的分别是维也纳、多伦多、巴黎、纽约、伦敦、东京、柏林、哥本哈根、中国香港和巴塞罗那。概括起来，这些城市可以分为三种类型。

第一类是降低碳排放、致力环境保护的城市，如开发智能电网的维也纳、发展循环经济的多伦多、实施自行车共享计划的巴黎等。

第二类是关注应急、保障社会安全的城市，如建立防灾系统的纽约、治理交通拥堵的伦敦、推动移动智能的东京等。

第三类是依靠科技、培育新兴产业的城市，如创建电厂电动汽车的德国柏林、创新清洁技术的哥本哈根、推广智能卡的中国香港、扩展光伏产业链的巴塞罗那。

为了推动本国智慧城市建设，很多国家都将建设智慧城市纳入国家战略的高度。例如，美国中西部爱荷华州的迪比克市，用 IBM 的新技术将水、油、交通等都连接到一起，完全实现了数字化。城市的所有资源都被连接在一起，智慧地为市民提供服务，满足了市民的多种需求。瑞典的智慧城市主要体现在智慧交通系统的建设上。为了解决首都的交通拥堵问题，斯德哥尔摩开始征收道路堵塞税，具体操作流程是：在道路上设置十多个路边控制站，使用 RFID 和激光等高新技术,识别进入市中心的车辆,对注册车辆进行收税。此外,还引入了 IBM 的流计算平台 InfoSphere Streams,对车辆的位置信息进行采集和分析,以此为参考,同行车辆就能躲开拥堵路线。如此,遏制了拥堵状况的出现。

据国裕科技登载,国外智慧城市建设有代表性的城市和国家有以下几个。

1. 迪比克

迪比克是美国的第一个智慧城市,也是世界上第一个智慧城市,其特点是重视智能化建设。为了保持迪比克市宜居的优势,并在商业上有更大发展,市政府与 IBM 合作,利用物联网技术将城市的所有资源数字化并连接起来,对各种数据进行监测、分析和整合,智能化地响应市民需求,降低城市的能耗和成本。该市率先完成了水电资源的数据建设,给住户和商铺安装数控水电计量器,记录资源使用量;同时,还利用低流量传感器技术预防资源泄漏。仪器记录的数据会及时反映在综合监测平台上,以供相应机构进行分析、整合和展示。

2. 布里斯托

布里斯托是英国智慧城市的领导者,该市联合布里斯托大学、布里斯托市议会和行业伙伴,建立了数据分享和分析的平台——Bristol Is Open（开放的布里斯托）。

为了完成该项目，市政府投资 7 500 万英镑建设光纤网络，将传感器布置在了全市的每一个角落，在城市中心建立了三个高速网络，其中信息包括能源供给、空气质量和交通状况等。该城市系统有效促进了其他应用的发展，丰富了当地居民的居住体验。

3.日本

智慧城市建设的宗旨是，更新传统的城市基础设施，实现高效能、省能源的低碳城市目标。近年来，为了提升能源效率，日本做了许多努力，能源供需循环的自动化就是其中的关键部分。在需求方面，截至 2024 年，日本将为全国所有家庭安装智能电表，实时监控家庭能源消耗量。同时，日本计划于 2030 年之前在全国范围内安装家庭能源管理系统。其中，能源市场自由化已经在 2016 年 4 月实现，消费者可以自主选择能源提供商。

4.新加坡

作为智慧城市领域发展综合能力较强的国家之一，新加坡建立了一个"以市民为中心"的电子政府体系。政府门户网站公开了五十多个政府部门的五千多个数据集，市民和企业能随时随地参与各项政府机构事务。

在交通领域，新加坡推出了电子道路收费系统等智能交通系统。在医疗领域，建立了综合医疗信息平台。在教育领域，利用资讯通信技术，提升了学生对学习的关注度。在文化领域，国家图书馆部署了一套灵活而性能强大的数据架构，使用云端计算模式，对各种需求进行处理，提供高性价比的解决方案。

**二、我国智慧城市的发展现状**

为了顺应时代发展、推进特色城市化，中国大力推进智慧城市规划建设进程。数据显示，2012—2016 年，中国已经在数百个城市或城镇开展了国家智慧城市试点工作。

从产业链角度来看，智慧城市的建设涉及的主体包括政府、运营商、解决方案提供商、内容及业务提供商，以及最终用户等。从智慧城市解决方案来看，其产业链上下游涵盖了 RFID 等芯片制造商，传感器、物联网终端制造商，电信网络设备、IT 设备提供商，终端应用软件开发商，系统集成商，智慧城市相关业务运营商，以及顶层规划服务提供商等多种科技型企业。

我国智慧城市建设的背景与其他国家不同：城市人口增长与承载能力不协调，资源与环境生态压力日渐增大；政府公共管理与公众需求之间存在矛盾，城市管理协同性差、办事效率低；产业格局与经济发展不适应，传统生产技术和管理方法难以为继。

目前，我国智慧城市建设总体来说还处在探索阶段，建设工程大多具有投资规模大、建设内容多、运行周期长、风险高等特点。有专家认为，关于智慧城市，我国现在多数城市还处在概念探索阶段，要真正形成一种智慧氛围，也许还需要一段时间。总的来说，我国的智慧城市探索，火热程度是众所周知的，但在投融资及风险监控等方面，还需提高警惕。

我国智慧城市建设一共经历了两个发展阶段，即萌芽期和推进期。2010年是我国智慧城市建设的重要节点，在此之前智慧城市建设处于萌芽阶段。2010年宁波市在政府的全面推动下实施智慧城市建设，其他城市纷纷效仿，很多城市都提出了具体的建设目标和行动方案，有些地区甚至还把智慧城市建设列入了"十二五"规划，如北京、上海、广州、天津、深圳、武汉、株洲、佛山等。截至2016年年初，全国智慧城市试点已经有597个。

与发达国家相比，我国智慧城市建设还处于起步和探索阶段，还没有形成适合自身城市发展的机制体系和运营模式。国内智慧城市的建设特色，主要体现在以下几个方面。

首先，关注民生需求，提升公共服务水平。

我国智慧城市建设以人为核心，以人的需求为出发点，开展智慧社区、居家养老等智慧化应用，极大地提升了公共服务能力，在上海市浦东新区、甘肃省兰州市等地取得了突出成效。

（1）上海市浦东新区：陆家嘴等街镇已经开始应用智能停车 App、自助快递箱等系统，同时还与商业银行合作推行了智慧城市炫卡等，为社区居民提供智能停车、失智老人看护、门禁安全管理、快递物流等服务。

（2）甘肃省兰州市：虚拟养老院采用政府引导、企业运作、专业人员服务与社会志愿者服务相结合的方式，借助现代信息技术，给老年人提供送餐、生活照料、家电维修、卫生医疗、保健康复等养老服务。

其次，打造公共平台，提高社会治理能力。

（1）北京市朝阳区：在现有政务资源整合和应用的区级平台基础上，公共平台和公共数据库已经进入初步应用阶段，移动电子政务平台得到完善，水利、医疗卫生、社保等领域的GIS（地理信息系统）专项应用得到扩展。其整合人口信息资源，建立了市、区、街、居等四级数据联动机制；已经覆盖人口、法人、空间地理、宏观经济等基础信息，基层政务数据覆盖率超过80%。

（2）西藏自治区拉萨市：将网格化城市管理和社会管理相结合，将社会管理的重心前置、下移，按照"三级平台、四级管理"的框架体系，以社区为基础进行管理网格的合理划分，管理和服务于每个网格内的人、地、物、事、组织、宗教、房屋等，有效提高社区治理和公共服务效率。

从我国智慧城市发展现状来看，很多城市都在积极实施和推进。

（1）威海：智慧城市运营商模式。政府将"智慧城市"设为远景目标，以小财政投入带动国家、省和社会大资本投入城市建设，北洋集团勇于担当主力大任，热电集团智慧化扭亏为盈。同时，居家呼叫服务中心对弱势群体展开了浓浓的关爱；智能公交出行更精准。

（2）厦门：智慧名城。厦门加强了城市的信息化治理，投身于大信息产业，不仅建立了多规合一平台、反电信诈骗平台、交通大数据平台、城市级停车信息共享服务平台，还培育了智业软件、畅享软件、美亚柏科软件、美图网等知名企业，满足了全国各地的智慧城市的需求。

当然，目前在高科技信息技术方面，我国多数产业的核心技术仍然掌握在跨国公司手中。要想建设自主可控的智慧城市，就要加强关键技术领域的自主研发，突破核心技术，加强相关技术集成创新。

## 第二节　大数据为智慧城市赋能

### 一、智慧城市与大数据思维

智慧城市的提出，本质上是对当代城市发展需求的迎合，所以理解智慧城市应该从城市建设的需求和城市发展的趋势出发。智慧城市离不开新一代信息技术的支持，如人工智能、物联网、云计算、大数据等。智能化的基础撑起整个智慧城市的体系运作，更需要注重健康、可持续、创新、以人为本的城市发展模式，通过人工智能和数据分析，来达到支持经济、社会、文化强劲而健康发展的目的。智慧城市与大数据思维模型如图 7-1 所示。

图 7-1　智慧城市与大数据思维模型

　　城市建设就像个人的成长，要想达到智慧的高度，就要学以致用、知行合一。智慧城市的建设需要经过一个长期的过程，整合是产生智慧的第一步，城市级大数据平台是建设的核心，未来智慧城市需要在三方面提升大数据平台的能力，分别是数据空间扩展、大数据分析能力提升和应用扩展。

　　因为智慧城市的建设是以大数据为驱动的，所以数据驱动的来源是城市里每一位居民的参与以及数据信息。同时，智慧城市建设的指向也离不开城市居民的经济、教育、生活环境、健康、服务、住房、公共安全、交通等生活的方方面面。

　　智慧城市的建设，一方面是将城市中的基础设施进行整合，形成智能化的体系，使智慧城市的建设对医疗、交通、物流、金融、通信、教育、能源、环保等领域的发展有明显的带动作用；另一方面是将居民的数据与当地的文化、政府决策等创新资源相结合，给城市居民提供一种线上线下均可自由开放参与城市治理的渠道，这种由每个居民数据整合而成的城市大数据，强调的是居民参与智慧城市的建设与治理，有助于提高城市的集体智慧，形成城市居民与智慧城市的共同发展。

智慧城市顶层设计的定位应是惠民、兴业、善政。从下往上依次有基础设施层、数据融合层、应用中枢层、效能展现层。基础设施层有物联网、通信网、云计算、信息安全等。向上要进行数据的汇总，在此基础之上建设数据开放与共享的交换平台，形成数据流动，即为数据融合层。再往上要学以致用，即形成政府管理应用、民生服务应用、产业提升应用，这三大应用组成应用中枢层。最终支撑惠民、兴业、善政三大目标，即效能展现层。数据融合层是"知"，应用中枢层就是"行"。

大数据是智慧城市建设的根本，首先要通过智慧城市的建设汇聚大数据，然后用汇聚的大数据支撑智慧城市进一步发展，形成良性循环。

人是城市的主体，人类的活动轨迹赋予了智慧城市基础数据的真正价值。例如，现在的日常生活中我们常用到百度地图、高德地图等，与纸质版地图相比，它们的便捷性来源不仅是卫星的精确定位，还得力于用户不断增加新的坐标，用户在使用过程中，也可以将当地常用的坐标输入，或者及时在地图上更新修路等突发状况，这就很好地展现了在智慧城市建设过程中，本地的数据如何融入大数据体系，公民个人的参与与智慧城市建设的共同发展。

城市数据是一种典型的大数据样本，完全符合大数据的 4V 特性（Volume 大量，Velocity 高速，Variety 多样，Value 低价值密度）。传统的技术处理方法和思维模式，已经无法用来处理海量、异构、快速的城市大数据。

大数据时代的到来进一步推动和支撑了智慧城市的发展，改变了人们对城市信息化建设的认识，加速了由数字城市到智慧城市的转变。

从本质上来说，大数据就是要用大数据思维发掘海量数据的潜在价值，大数据时代，所有人都要学会用数据说话。目前，最重要的是要学会驾驭大数据，主要涉及智能感知技术、分布式存储技术、智能统计分析和数据挖掘技术、智能化实时动态可视化技术、云计算技术及基于网络的智能服务技术等，这些也是"智慧城市"建设涉及的关键技术。

智慧城市建设，必然会产生大数据；大数据的应用，也将推进智慧城市建设。大数据时代的到来和智慧城市的兴起，是全球信息化发展到高级阶段的必然趋势。

### 二、大数据促进智慧城市发展

智慧城市的建设离不开大数据，从政府服务和决策，到城市的产业规划和布局，再到人们最基本的衣食住行，都在大数据的分析中不断走向"智慧化"，而大数据将会成为智慧城市的智慧引擎。

智慧城市的应用很广泛，主要包括物流、交通、电网、工业、农业、建筑、环境，以及医疗等方面。智慧城市本身会催生大数据，一个企业的运作涉及很多环境，如管理环境、开放环境、知识环境、服务环境等，数据库能够让这些环境联合起来，大幅提高企业效率。

同时，大数据使数据共享成为可能。有了数据库，政府管理层就能实现高效互联互通，提高政府各部门之间的协同办公能力，提高为民办事的效率，降低政府管理成本，为政府决策提供有力的支撑，构建更加智慧、更加科学、更加高效的智慧城市。

大数据能够在以下几个方面为智慧城市赋能。

（1）市容、市政规划方面。大数据可以为城市规划提供强大的决策支持，强化城市管理服务的科学性和前瞻性。

（2）交通管理方面。通过实时挖掘道路交通的信息和数据，就可以缓解交通拥堵现状，快速响应突发状况，促进城市交通的良性运转。

（3）安全防卫领域。通过对大数据的挖掘，可以及时发现人为的或者自然灾害、恐怖事件，提高城市应急处理能力和安全防范能力。

（4）环境监测方面。大数据技术的强势发展，使环境管理理念和管理方式都发生了巨大改变。近两年,依托国家发布的一系列环境污染防治政策,部分城市已经陆续落成了生态环境监管系统,能够全面感知、监管、溯源等。

（5）犯罪预警方面。利用大数据,可以预测犯罪。大数据的发展日趋成熟,不仅能帮助警方提高办案效率,犯罪预警也更加智能化。以洛杉矶警察局的警务系统为例,该数据系统能够整合城市中各摄像头的画面数据,将这些数据与后台的人脸特征数据库匹配,同时还能监控前科人员的"不常规"行为,进而从习性上判断其是否会再次犯罪。总的来说,就是对人们不常规的行为和动作进行锁定和分析,系统评定该行为是否属于危险性的范畴,从而提前做好准备,以达到预测犯罪的目的。

大数据赋能智慧城市衣食住行服务如图 7-2 所示。

图 7-2　大数据赋能智慧城市衣食住行服务

　　智慧城市是城镇化进程的下一阶段，是城市信息化的新高度，是现代城市发展的远景目标。其中，无线城市、数字城市、平安城市、感知城市是智慧城市的必要条件；诚信城市、绿色城市、健康城市、人文城市是智慧城市的应有之意。智慧城市产生大数据，大数据反过来又会支撑智慧城市，将智慧城市与大数据结合起来，明天一定会更璀璨。

# 第八章 大数据与物流及供应链

# 第一节　大数据带给物流行业的变革

### 一、"大数据 + 物流"，实现优化资源

在大数据技术的支持下，功能庞大的智慧物流系统顺势建成，物流管理与物流作业等也高度自动化。从这个意义上来说，大数据技术的出现为智慧物流的构建奠定了基础。

例如，京东商城是中国最大的自营式 B2C 电商平台，流转着千万级的订单数据信息，从供应链最前端的供应商到末端最终用户的信息数据，无论是广度、完整度，还是自营模式独有的用户数据准确度，大数据技术都具有无可比拟的优势。

信息平台不是简单地为客户的物流活动提供管理服务，而是通过对客户所处供应链的整个系统或行业物流的整个系统进行详细分析，提出具有指导意义的解决方案。

大数据在物流运输中的应用需要落实到每一个环节，能够通过收集到的数据推算市场未来的需求变化趋势。现阶段企业仓储库存不合理、对市场需求应对不及时等问题，通过大数据，完全可以得到解决，实现运作的优化，变成真正意义上的智慧物流，让物流企业对市场需求做出及时反应。

借助大数据处理技术，利用软件系统把人和设备更好地结合起来，就能提升智能化水平，让人和设备发挥出各自的优势。物流市场具有很强的波动性，新的市场需求随时都可能出现，只要把握住机会，也就赢得了市场。

大数据会对不同时期、不同区域的物流供需情况进行统计分析，参考大数据的变化，企业就能从海量的数据中提取当前的物流需求信息，尽早获知市场需求，对物流资源进行合理配置。例如，在物流园区，众多车辆等候在园区的停车场，资源被极大地浪费，于是就催生了车货匹配的信息平台和App。通过对运力池的大数据分析，公共运力的标准化和专业运力的个性化需求之间得到最佳匹配；同时，企业信息系统也被全面整合与优化。

要想实现"大数据＋物流"模式，首先就要颠覆传统物流思维，重构物流经营模式，全面推行信息化，实现智慧物流，将大数据、云计算、物联网等先进信息技术与物流活动深度融合起来，创新物流企业经营和服务模式，将运输、仓储等物流资源在更大的平台上进行整合，扩大资源配置范围，提高资源配置的有效性，从而提高社会的物流效率。

### 二、监测销售预测和库存

依赖大数据，可以对销售预测和库存进行有效监测。

目前，大数据应用最好的物流当属阿里巴巴和京东。每年的"双十一"及"618大促销"，阿里巴巴和京东都会收获大量订单，但客户依然可以在最短的时间内收到商品，主要依赖的就是大数据预测。只要对线上用户购买商品的种类、数量及分布区域等进行数据分析，为某区域内的需求类型及数量提前做好计划，将商品存储在区域内的仓库中，就能在规定的时间内配送给用户。

使用大数据，实现供需双方的对接，就能形成一个大型的信息处理平台，能够预先、快速、高效、低成本地实现物流运输。对购买的数据进行收集、统计和处理，该平台就能对用户所在的物流运输链进行系统分析，为用户提供最准确的解决方案。

有了大数据的支持，一些看似没有意义的数据也能为物流活动提供指导。例如，美国亚马逊公司早在 2008 年就通过对网页浏览量和货物购买的关系的分析，预测出了商流发生的时间和地点。

作为一家"信息公司"，亚马逊不仅从每个用户的购买行为中获得信息，还将每个用户在其网站上的所有行为都记录下来，包括页面停留时间、是否查看评论、搜索的关键词，以及浏览的商品等。这种对数据价值的高度敏感和重视，以及强大的挖掘能力，使得亚马逊早已远远超出了传统运营方式。

使用大数据，亚马逊就能有效预测用户需求，尤其是对书籍、手机、家电等产品的预测更加准确，甚至还能成功预测到相关的产品属性。但是对于服装等软需求产品，却无法做到精准预测，原因在于干扰因素太多，如颜色、款式、是否合身等。这类数据很容易发生变化，需要使用更加复杂的预测模型；而对于精准预测，大数据发挥了超乎寻常的作用。

通过互联网技术、大数据和商业模式的改变，可以实现从生产者到顾客供应渠道的改变，如此也就从时间和空间两个维度上为物流业新价值的创造奠定了基础。

借助大数据，就能不断优化库存结构和降低库存存储成本；同时，系统还会自动根据以往的销售数据进行建模和分析，对当前商品的安全库存进行判断，并给出预警……这些都是大数据带来的变革。

## 第二节　大数据背景下的智慧物流

### 一、大数据推动物流体系的形成

大数据等技术的快速发展，推动了物流业的创新升级。所谓物流体系，是指企业的自有物流（人员、车队、仓库等）和第三方物流企业的配送信息与资源共享，可以更大限度地利用各方面的资源，降低物流成本。

物流体系形成后，企业可以和第三方物流公司展开合作，物流企业直接面对市场，可以根据市场的需要来组织调控若干生产企业，既负责"后"勤，又负责"前"勤。物流企业可以充分、有效地组织和利用资源，既保证自己的经济效益，又保证生产企业的经济效益，避免各种问题的产生。

大数据技术的应用贯穿于整个物流企业的各个环节，主要表现在物流决策、物流客户管理，以及物流智能预警等过程中。

物流决策体现在规划和预测上，规划方向的应用往往以成本和时间为优化目标，从成本构成或时间构成的角度去寻找影响因素，之后找到合理的变量取值，减少成本和时间。

物流客户管理不只是由系统得到一系列报表，更多的是为客户创造价值，从这个意义上来说，客户管理就是客户资源管理，即建立客户忠诚度，根据客户需求特征与偏好为他们提供个性化的产品与服务，同时客户为企业创造收益，实现共赢。

物流智能预警能够在企业内或外部伙伴间对物流运营进行监控。供应链的管理，环节众多，环环紧扣，只要某一环节延期或出现问题，就会对最终供货的及时性与准确性造成负面影响。

通过事件管理，就能对日常事件的发生与状态进行监控，相关人员都可以收到实时通知，继而积极采取措施，提升仓库效率。

了解任务进展，提前获知可能发生的例外状况，物流管理人员就能更好地掌控供应链运营情况，提前预警突发情况，提高企业利润，提升客户满意度。

当大数据在物流的各个环节中都起到了举足轻重的作用之后，那么打造一个"大物流"体系就指日可待了。

## 二、大数据有效解决物流行业成长瓶颈

据相关部门调查显示，前些年，只要遇到诸如"双十一"类的特殊节日，快递业务量就会突破几亿件。其中，80%的快递业务是由民营快递企业完成的。

物流是一个存在感十足的行业，经历了外人所不知的艰辛和挣扎。例如，爆仓、包裹被直接放在马路上分拣……快递企业的不足之处逐渐凸显，物流行业的发展也面临着挑战和瓶颈，如何才能更合理地满足社会需求？在物流行业的残酷竞争中，怎样才能脱颖而出？这考验着物流行业的整体布局，大数据发挥着重要作用。

要想成为智慧型的物流企业，必须突破规模化程度低、市场结构不够集中的弊端。如果市场集中度比较高，融资会更容易，利润也可以提高。

传统物流企业一般都设立了保守的生产线、正规的运输线，各环节都需要设立人工值守的仓库，耗费大量的人力、物力、财力和时间，效率却很低，充分利用大数据和人工智能，就能节省人力成本，提高周转率。例如，顺丰与腾讯云合作，实现了人工手写汉字的图像识别。而在这之前，顺丰雇用了8 000名输单员来输入手写运单信息。2017年"双十一"期间，菜鸟联盟仅用2.8天就将1亿件包裹送到了消费者手中，比2016年缩短了0.7天；"双

十二"期间，仅用 15 小时就送完了 2016 年全天的包裹量。

大数据不但能够实现物流系统的创新，未来与人工智能融合在一起，有望使物流业成为用时最短、效率最高的行业，不再被传统的弊端束缚。

另外，可以实现从物流到供应链的可追溯性问题。

供应链是由供应商、制造商、分销商、零售商，以及用户连成一体的复杂的功能网链结构。在这个链条上，资金流、信息流、实物流交互运行，协同难度极高，传统的依靠单一"链主"的协调机制已经遭遇瓶颈。而大数据为解决这一问题提供了丰富的想象力。

首先，企业与企业之间由于大数据技术建立了信任。由于数据不可篡改，信息变得对称，企业沟通成本降低。解决了信息失真问题，供应链的运行效率大幅提高。

其次，大数据记录了企业之间的各类交易信息，可以轻松地进行数据溯源，还能解决假冒伪劣产品等问题。

# 第九章 大数据与能源

# 第一节 大数据在能源领域创造更多价值

## 一、大数据在能源行业中的应用

所谓能源，是指向自然界提供能量转化的物质，如矿物质能源、核物理能源、大气环流能源、地理性能源等。能源是人类活动的物质基础。在某种意义上讲，人类社会的发展离不开优质能源的出现和先进能源技术的使用。在当今世界，能源的发展，能源和环境，是全世界、全人类共同关心的问题。

改革开放加速了中国工业化进程，能源需求激增，中国能源更多依靠外部"输血"。在中国的一次能源结构中，煤炭的消费量达 68.8%，石油天然气为 23.1%，总体上看，我们还处在煤炭时代。

随着新能源技术的不断发展，分布式发电方式不断引入，打破了原有电网运行管理的模式，不但需要考虑负荷侧的波动，还要考虑新能源出力的间歇性。在此背景下，智慧能源中大数据应用众多，涉及电网安全稳定运行、节能经济调度、供电可靠性、经济社会发展分析等诸多方面。

以光伏发电方式为例，光伏大数据的应用主要集中在在线预测、发电量模拟、实时监测、设备预警和诊断、资源调度、电力交易以及需求响应等方面。对光伏行业来说，大数据分析是贯穿始终的。从前期规划到电站投资建设、后期运营，以及整个资产全生命周期的管理，都可以通过数据分析、数字化的模型为各个环节进行量化的分析和决策，服务于投资商、生产商、运营公司等各类角色。

随着能源行业科技化和信息化程度的加深，以及监测设备和智能传感器的普及，综合能源管理系统的建立也就成了必然。

另外，大数据技术能够对海量信息进行分析，提高能源设施利用效率，降低经济和环保成本，在实时监控能源动态的基础上，利用大数据预测模型，解决能源消费不合理的问题、促进传统能源管理模式变革、合理配置能源、提升能源预测能力等，会为社会带来更多的价值。

### 二、能源大数据的发展现状和趋势

如今是大数据时代，将大数据技术应用于能源领域，是推动产业发展创新的趋势。能源企业通过将能源消费数据、智能设备数据、客户信息等数据结合，可充分挖掘客户行为特征，发现用户消费规律，从而提高企业运营效率。

首先，大数据应用在能源领域。如今，大数据已经被应用在石油、天然气、电力等传统能源领域。对于石油行业来说，传统的油气勘探开采方式已经无法满足石油企业提高产量的需求。利用已经积累的海量数据，在油气勘探开采过程中，油田就能利用大数据技术找到新的增长点，帮助炼油厂提高炼化效率。在电力领域中，智能电网已成为发展趋势。通过实施智能电网战略，可以利用大数据技术帮助电力公司调配电力供给，调节用户用电需求。

其次，大数据让能源智能化调控。例如，某市区的摄像头捕捉到郊区某一输电设备突然异常断电，通过对报警器的鸣响或某一区域灯光突然熄灭等对比，总部设备就自动派出相应人员与维修设备去现场维修。这种智能化调控方式，为人们的生活提供了更多的方便，提高了生活质量。

最后，大数据运用在智能化能源上。例如，维护电动汽车充电桩。现在电动汽车越来越普及，电动汽车的运行离不开电动汽车充电桩。如今，每个运营商都建立了自己的支付平台，为了更好地运营，各机构又会发行不同的充电卡，采用不同的收费标准，这样就给用户带来了很大不便。利用大数据技术，就能让这些问题得到解决。

另外，对电力、石油、煤炭、人口、地理、气象等领域的数据进行采集、处理、分析和应用，就能促进能源产业发展及商业模式的创新。目前，我国能源大数据的需求模式主要有能源大数据库、能源大数据服务平台和能源管理协同决策平台。

（1）能源大数据库。该数据库整合了广泛的能源数据，能够进行有效的能源信息判别和预测，为能源决策提供了有利的支持，推进了能源大数据服务体系的不断创新。

（2）能源大数据服务平台。主要为能源规划、综合能源决策、跨部门协同管理、个性化的公众信息服务等需求提供服务。

（3）能源管理协同决策平台。可以用来整合资源储量数据，如开发数据、加工数据和消费数据，满足需求预测、能源预警等需求，为能源开发、消费和规划相关参与方提供一站式的数据服务。

# 第二节　大数据辅助新型智慧能源建设

## 一、智慧能源体系架构

"智慧能源"这一概念已经提出很多年了，包括符合生态文明和可持续发展要求的相关能源技术和能源制度体系。智慧能源是以互联网技术为基础，以电力系统为中心，将电力系统与天然气网络、供热网络以及工业、交通、建筑系统等紧密耦合，横向实现电、气、热、可再生能源等多源互补，纵向实现源、网、荷、储各环节高度协调，生产和消费双向互动，集中与分布相结合的能源服务网络。其依托互联网、物联网、大数据、云计算等新技术对能源的生产、存储和使用进行实时监测、数据分析和优化处理，并通过数字化、网络化、智能化手段，实现能源的安全、高效、绿色、智慧应用。

智慧能源系统以"互联网＋"为手段，以智能化为基础，由下至上可以分为能源层、网络层和应用层。

（1）能源层：主要进行能源的生产、转换、传输和利用，包括化石燃料的发电、清洁可再生能源的转化、电力利用等。

（2）网络层：主要通过智能传感进行能源相关数据的采集和传输，实时获取海量数据。

（3）应用层：主要利用大数据、云计算、人工智能等技术进行能量信息的数据共享，对海量数据信息进行分析和处理，就能搭建能源交易平台，承担起信息采集、管理方案、能源交易等工作。

智慧能源体系意味着对能源的革新，我们要重点关注以下几个方面，如图 9-1 所示。

| 低碳化 | 积极推动能源革命是中国实现国家自主决定贡献的减排目标的核心对策。在今后相当长的时期内，中国将大力发展风电、水电和核电，提高其在能源消费结构中的比例。 |
|---|---|
| 能源独立 | 能源是国家发展动力之源，对任何一个国家都是大事。中国如能借助能源革命，充分发挥地表以上的风电、光伏、水电、生物质热电、垃圾热电、核电，以及地表以下的地热、天然气、石油、煤炭等中国本土资源，同时大力发展建筑节能和提高能效，多管齐下，不仅能解决能源安全问题，而且还能解决能源独立问题，通过能源革命确保能源安全与独立 |
| 能源分享 | 屋顶安装太阳能，自己家里用不完时，可以通过区域的网络给他人用，构建以数据为中心的共享机制 |

图 9-1　智慧能源体系对能源的革新

### 二、大数据对智慧能源发展的深刻影响

能源要智慧化，不可能离开大数据。

智慧能源、能源革命的发展离不开大数据的支持。大数据可以用在能源的生产端和消费端。例如，用在生产端主要是指煤炭、石油、天然气、太阳能、风能、地热能等一次能源和电力、汽油等二次能源。随着新能源技术的不断发展，分布式发电方式不断引入，打破了原有电网运行管理的模式，不但要考虑负荷的波动，还要考虑新能源出力的间歇性。

在智慧能源中，有很多大数据应用。例如，电力用户方面，在电力改革及电力产业链的细化推动下，电力交易品种、交易周期、交易方式、竞争格局等因素都发生了重大变化，用户需求更加多样，对发电企业、售电公司等的能力提出了新要求。要想适应这些变化，就要对用户进行细分，采用服务差异化策略，努力规避交易风险，大力提高服务能力。

随着新技术的不断涌现，能源结构不断发生变革，传统的电网规划方法往往与实际需求差别较大，需要利用大数据技术综合考虑多种因素，如分布式能源的接入、电力市场环境下为用户提供个性化用电服务等。

# 第十章 | 大数据与新零售

# 第一节　大数据时代的新零售

### 一、从零售到新零售，大数据功不可没

所谓新零售，是针对传统零售而来的。没有传统的"旧"零售，就没有现在人们所说的新零售。相对批发而言，零售就是一个一个地卖，所以，零售是指针对一个一个客户进行销售的模式。与零售相反或者不同的就是批发、直供等。

有了数据，传统零售就变成了新零售。当大量的用户发现可以通过网络在线购物的时候，整个零售业就像打开了一扇新的大门，人们不需要到线下店面去排队，通过线上比较就可以购买，还可以直接支付，然后由卖家负责配送。最开始互联网零售公司大多采用那些不需要太多线下体验（五官体验）就可以轻易在网上实现销售的品类，如图书、3C 产品、箱包等类别。当阿里巴巴的支付宝突破了线上交易双方信任的堡垒后，互联网零售业迅猛发展，品类不断扩充，用户数不断增大；当天猫正式成立时，就立刻掀起了品牌商登陆线上零售的浪潮。

实际上新零售就是基于互联网，把传统的信息流、资金流和商品流进行重构，以提升客户体验的过程。信息流包括客户信息获取、客户品牌的认知、

货物的对比以及售前交流等；资金流包括支付、结算、发票等；商品流包括下单、生产、仓库、物流配送（自提）等。实际上，这些流向并不是有了互联网才开始发生变化，而是在零售商持续不停提升服务的过程中时刻都在发生变化，只是自移动互联网诞生以来，这些要素的拆解变得更加灵活多样。所以，很多人讲的"新"是指这些方面。

为什么说从零售到新零售，离不开大数据的功劳呢？

从零售的定义来看，不卖货的就不是零售。收佣金或赚差价都必须与卖货相关。只是，在整个卖货的过程中，零售商可以通过数据优势来帮助制造商更好地制订计划、筹备库存以及处理订单，通过数据优势更好地帮助用户挑选到更适合的产品及提供更好的服务（如身材与衣服的匹配等），以及为物流商提供更好的数据支撑，更进一步，零售商的数据优势可以帮助制造商更加了解客户的需求，以及做出更好的研发。

新零售时代，大数据和新技术将赋能供应链升级，通过场景、互动、连接和体验，不断提高品牌黏性，创造新客群、新需求和新服务。每家零售门店和企业都拥有大量待挖掘的可贵数据资源，只要重视并挖掘内部数据，如会员信息、销售信息、售后信息等，就能实现零售的变革。

## 二、新零售如何应用大数据

随着零售业的蓬勃发展和规模的不断扩大，网络零售获得了飞快发展。

零售商依赖于数据塑造与顾客之间的互动，使用信息技术，促使商业向顾客深度参与的方向发展。

第一阶段，POS 系统（销售点情报管理系统）被引入店铺，获得基础数据，并在此基础之上发展会员制度。

第二阶段，利用互联网，通过移动端和社交媒体等方法，获取有效的用户信息。

第三阶段，运用近场感应终端、场景定位、虚拟试衣镜、传感器、大数据、移动终端等技术，对商户的线下应用场景进行完善，实现了设备与用户之间的互通互联。

第四阶段，使用远程无线技术，搭建物联网，将信息实时传输给系统和终端用户，使世界各地的消费者都处于智能设备访问范围之内，供零售商采集数据，并通过智能系统驱动优化操作。

大数据在新零售中的具体应用有以下几个方面。

1.新零售进行大数据预测

之所以要进行大数据分析，目的之一就是对消费者的下一步需求进行预测，通过大数据结构化分析以及各种计算方法，得到预测结果，采取相应的策略，创造出更具优势的顾客体验，促进交易规模的不断扩大，实现更多的业务创新。

### 2. 新零售的大数据营销

新零售时代下，零售企业商应该利用大数据的商业力量来提高商品的转化率。某些电子商务平台的发展和成功，并非因为它们向消费者提供信息，而是它们向消费者提供快速决策和进行下一步行为的便捷路径。消费者的每一步行为都会留下大量的数据，新零售公司要将数据结构化并进行大数据挖掘，提供个性化购买建议和促销信息，提供全渠道的客户购买体验，激发消费者的情感连接。

### 3. 新零售大数据实现个性化定制

营销的个性化就是预测个体消费者需要购买的产品，洞察消费市场的集体需求，然后制订相应的营销策略。两种截然不同的数据分析和应用方法的本质区别在于，看待市场的角度：是把市场看作具有不同消费需求的群体，还是当作一个完全具备不同个性化需求的个体。

从整个产业链来看，大数据的最高效用将是从生产端开始就实现定制，对此，已有零售业开始布局。例如，国美将大数据应用于供应链，用C2M（用户直连制造）反向定制、居家生活品类和智能产品横向延展、驱动精准选品和营销，进而与第三方供应链形成补充，提高零售效率，满足消费者品质化、个性化、智能化的产品需求，促进品质升级，优化商品结构。

#### 4. 新零售大数据助力促销活动

商家的促销活动很多，但是否都起到了高盈利的效果呢？其实不然。很多时候，促销只是助力零售商降低了库存。而今通过大数据与促销活动的对接，能够创造出更好的盈利效果。零售商可以通过大数据来进行更为精准的人群画像，以确定消费者喜欢的促销模式、迫切需求哪种商品，而且借助大数据的作用还能够制定更为精准的定价策略。通过大数据来确定促销的商品、商品的价格、促销的时间等，将能够实现更多的盈利，而不仅仅是更高的销量。

大数据在零售行业的应用，注定要深入商品渠道、策划、市场营销、定价策略，以及店铺运营等各个方面，未来的新零售行业也必将能够实现更加快速的发展。零售行业与大数据的对接是大数据"接地气"的一个明显表现，而且，这种对接必将随着时间的推移而深入各个领域，这种更为深入的对接，也必将创造出更多的就业岗位。

## 第二节　大数据让新零售打破传统格局

### 一、大数据对新零售的核心价值

大数据分析，是新零售的基础，是产业链升级的关键所在。无论零售业如何变革，从根本上还是离不开"货、场、人"三个核心要素。传统零售更关注"货"和"场"，最关键的"人"反而被忽视。而新零售，在很大程度上回归到"人"这个要素上。新零售的一大特征是线上线下深度融合，这个过程实现的是对"人"的有效识别、需求洞察、多维交互和精准触达。

有了大数据的参与，新零售才打破了传统的零售模式，其核心价值在于以下几个方面。

（1）大数据让新零售实现线上线下消费的无缝对接，也就是线上购物，然后线下到门店自提，或由附近的门店送货上门，如此，不仅物品质量有保障，还省去了物流费。

（2）大数据能够解决配送和假货问题。商家可以选择信誉度高、性价比高、质量优的供货商供货，统一进行配送，与门口店面进行合作。一方面可以通过 B2B 统一配送业务进行盈利，另一方面可以通过广泛布局，掌握全国零售商品的物流大数据。新零售体系下，精选后的产品和直达小区的产品在配送时更加快速。可以预见，"新零售 +B2B 配送"成功布局之后，配送和假货问题将得到大幅度改善。

（3）大数据的收集和分析增加了大量的消费场景体验。在门店中，采用传感器和物联网，完成自动结账、客户追踪、优化库存、内容推送等，大大提升了消费者的消费体验和店面的盈利能力。在购物之前，用户可以在手机端查看为自己定制的消费内容。

### 二、大数据让新零售实现全渠道营销

新零售以大数据为依托，将消费者的数据都收集起来，如喜欢吃什么、爱看什么电影，在某某商场第一次消费了什么，以及性别、婚姻状况等都能被数据记录。通过大数据，能够快速、精准地了解消费者的需求，再给消费者最好的消费体验。提升消费体验只是大数据为新零售赋能中的一点，大数据为新零售带来的更大价值是新零售供应链得以升级。

大数据在新零售中的应用有以下几个阶段。

第一阶段，数据集成与展现。通过搜集和整合整个企业的数据，零售企业就能形成完整的数据流，把不同来源的数据信息集中到一个仓库中，如此，不仅各部门能在需要的时间和地点看到自己需要的数据，还能看到关键绩效指标，如销售额、利润率、客单价、进店率、转化率以及目标完成率等。

第二阶段，数据的分析和判断。为了了解数据报表、商业报告背后的含义，就要对详细的数据进行多维度分析。例如，如果某款裙装的销售超预期，就可以从"人、货、场"等三个角度来分析：是否举

办了买赠、打折、支付等促销活动，店员是否对商品进行了特殊推荐等。

第三阶段，数据的未来预测。从本质上说，预测就是根据零售企业过去发生的事件以及当前的影响因素，对销售额、利润率、成本等做出智能化的估计。

第四阶段，进行决策。对于零售企业来说，补货行为会驱动之后的采购、生产、物流、仓储等行为，同时还能为决策层做决策提供依据。

# 第十一章 | 大数据与电子商务

# 第一节　大数据对促进电子商务发展的作用

## 一、电子商务离不开大数据

大数据时代下，电子商务企业已经开始了数据争夺战。企业掌握了大量消费者的行为数据，对其进行数据分析和处理，就能够锁定商机，并且创造出新的价值。

在电子商务的交易过程中会产生用户的真实信息，如工作、居住地址信息，还有其银行卡对应的消费信息，包括消费频次、消费金额、购物偏好、品牌偏好等，这些直接决定了一个人的消费能力，蕴含着极大的商业价值。如果电子商务商家能够拥有从外部获取大量竞品数据的能力，对自身拥有的数据加以整合及处理，那么大数据将为电子商务带来非常可观的效益。

借助大数据，就能做好消费者行为的判断、产品销售量的预测，精确的营销范围及存货的补给也会得到全面的改善与优化。

大数据与电子商务的深度融合主要表现在以下几个方面。

### 1. 网页抓取工具助力数据获取

在一些知名的电子商务企业页面中，相似或竞品产品的商品属性（商品介绍、图片、价格、销量、评价）都可以通过网页抓取工具来抓取收集，并可以自动更新。网页抓取工具不仅是自动采集网页数据的高效工具，同时也能够快捷地处理商家积累的数据。

2. 数据能给企业带来价值

利用电子商务数据可以为商家降低物流、库存等成本，借助竞品的营销策略提升交易转化率，了解怎样更合理地储备商品品类以及做好物流压力预判和处理，用最短的步骤推荐给用户最想买的物品，这样平台的利润也会随之增加。如果还能够从外部渠道（如数据定制、数据超市等）获得电子商务交易数据，则能更容易地找到潜在用户，并有针对性地推荐产品。

3. 电商大数据可以解决征信问题

在 B2B 式电子商务交易的过程中，买家与卖家就产品的质量和货款的交付存在很大的信用风险，这导致买家不敢轻易更换供货商，卖家压低发货效率，如有电子商务企业的信用大数据做支撑，可促进卖家的服务升级和买家的多元化选择。电子商务大数据遇上企业征信，双方合作大升级。电子商务可以边交易边整合大数据新财富，借助大数据的新能力，企业业务效率一定会获得大幅提升。

4. 大数据让电商实现精准营销

如果电子商务使用了大数据，那么就能够做到精准营销。所谓精准营销，就是通过用户行为去推送用户可能会购买的商品。电子商务是最早利用大数据进行精准营销的行业，除了精准营销，电子商务企业可以依据客户消费习惯提前为客户备货，并利用便利店作为货物中转点，在客户下单后的短时间内将货物送上门，提高客户体验。菜鸟网络宣称24小时完成在中国境内的送货，以及刘强东宣称未来京东将在15分钟内完成送货上门服务，这些都是基于对客户消费习惯大数据的分析和预测。

当然，大数据能够为电子商务企业带来好处，并不是因为企业拥有大量的数据，重要的是企业要学会如何分析数据为自己所用。

### 二、大数据驱动电子商务的发展

电子商务首要解决营销问题，那么站在营销的角度看大数据，其作用无非是挖掘、预测和关联，新时代电子商务的发展离不开大数据的驱动。

大数据在过去几年已经改变了电子商务的面貌，商家只要通过分析数据，找到消费者喜欢的东西，挖掘其痛点，有针对性地进行精准营销，往往就更容易成功。

大数据在驱动电子商务发展方面，主要表现为：

首先，开发消费者的个人资料。根据客户的网上购买行为数据，企业可以查看哪些产品最受欢迎，然后利用这些数据来制定营销策略。

其次，通过分析大数据，能够提升客户服务。提供良好的客户服务是电子商务企业运营的关键，企业要尽可能地为客户解决问题或提供帮助。

再次，通过大数据跟踪客户行为，实现定制优惠。电子商务零售商应该使大数据成为其客户保留策略的关键部分，例如，使用数据构建客户资料；通过客户跟踪，与企业互动。

最后，分析大数据帮助电子商务企业制订未来运营计划。电子商务企业的数据可能会显示其在线商店部门的新购买趋势或减缓销售，使用这些信息，就能对下一个阶段的库存进行规划，并制定新的市场目标。

未来，电子商务仍将保持较快发展速度，并呈现出规模不断扩大、结构不断优化、质量效益不断提升、产业渗透不断深化的发展态势。其中，数字技术与电子商务多维度融合、产业数字化进程加速及电子商务全球化竞争合作等趋势将更加明显。

## 第二节　基于大数据应用的电子商务发展和创新

### 一、电子商务数据的 6 个 "W" 和 1 个 "H"

很多时候，人们需要解决什么人做、什么时候做、做什么、为什么去做、在哪里做、使用什么工具，以及如何去做等问题，于是也就有了 6 个 "W"

和 1 个 "H"。这里,"W" 代表 Why、What、When、Where、Which、Who,"H" 代表 How。将大数据运用在电子商务中,就要正确认识这 6 个 "W" 和 1 个 "H"。

具体来说,6 个 "W" 分别是指:

(1) Why —— 为什么要做数据分析?电子商务企业拥有海量消费者数据,进行大数据分析,能够提高其商业优势。

(2) What —— 分析什么数据?在电子商务企业中,有很多不同类型和来源的数据,要知道到底什么数据是最重要的,什么数据能够发挥最大作用。例如,在投放服装广告前,只要做一些简单的数据分析,就能知道该服装广告适合哪些人群,如 18 ~ 30 岁年龄段的女性、经常上网购物的、比较关注服装类广告的。

(3) When —— 在什么时候使用数据分析?在进行商品选择、商品陈列、更新时间、广告投放、效果评估、客户分析、促销活动等各个环节的时候都需要做数据分析和数据挖掘。

(4) Where —— 从哪里获取数据?数据来源有网站分析、网络日志、客户登录信息、浏览和购买记录、第三方监控数据,以及各种平台提供的工具等。

(5) Which —— 采用哪个分析工具来分析数据?指的是分析工具的选择。

(6) Who —— 哪个供应商能帮助你处理数据?指的是供应商的选择。

1个"H"是指：

How——怎么做？具体过程如表 11-1 所示。

表 11-1 "H"做法表

| 主 要 任 务 | 主要分析指标 | 说　　明 |
|---|---|---|
| 流量效率分析 | 到达率 | 达到 80% 以上是比较理想的 |
| | 二跳率 | 有效流量，会有合理的二跳；虚假点击，没有二跳 |
| 站内数据流分析，发现购物流程是否顺畅、产品分布是否合理 | 页面流量排名 | 查看产品详情页的流量 |
| | 场景转化分析 | 从"首页 - 列表页 - 详情页 - 购物车 - 订单提交页 - 订单成功页"等角度，对数据流进行分析 |
| | 频道流量排名 | 为了做好产品的组织问题，要做好各频道流量的排名 |
| 站内搜索分析 | 页面数据分析 | 用户在哪些页面关注最多？是首页，还是频道页？是购物车，还是订单提交页？ |
| 用户特征分析 | 用户停留时间 | 通常，停留时间越长，网站黏性越好 |
| | 新老用户比例 | 老用户比例越高，用户忠诚度越高 |
| | 用户地域分析 | 用户地域与订单地域分布保持基本一致，能够提升区域配送和服务质量 |

## 二、实现按需定制、线上与线下深度融合

在电子商务方面，融合的价值已经从实体价值链向虚拟价值链转变，速

度还在不断地加快。所以，电子商务企业需要跟传统企业结合起来，共同发展线上和线下的价值。

线上与线下融合正成为零售消费的新趋势，传统商超等零售业态与电子商务平台深度融合后，出现了更注重消费者体验的跨界消费创新模式零售业态。这样的趋势在京东的"618"购物节中表现得尤为明显，仅在生鲜领域，就有永辉的"超级物种"和京东的"7FRESH"等多个零售创新模式。与此同时，线上与线下融合的不断加速也从某种层面推动了大数据、人工智能、物流等技术快速发展。

如今，随着消费的不断升级，用户的消费习惯已经逐渐从物质消费向服务消费转变，众多电子商务平台也开始了横纵双向的品类扩充：横向上，拓展更多的泛零售商品品类；纵向上，开始升级"服务+"。

未来，电子商务企业至少会实现几个融合：线上销售平台与线下销售渠道相融合；创新营销模式与产业政策相融合；新媒体技术与专业技能规范相融合；现代经营管理理念与传统优秀企业文化和企业精神相融合；小众化、个性化消费与大众化、一站式需求相融合；社会效益至上与经济效益最大化相融合。

# 第十二章 | 大数据与金融科技

# 第一节　金融科技的逻辑与大数据

## 一、金融科技的发展和特征

什么是金融科技？权威的解释是：非传统企业通过技术手段切入金融领域，用更高效率的科技手段抢占市场，提高金融服务效率。对普通人来说，更容易理解的方式是：用支付宝买早餐，去微信群抢红包……

金融科技发展的三个时期如表 12-1 所示。

表 12-1　金融科技发展的三个时期

| 时　　期 | 简　　介 |
|---|---|
| 第一时期 | 科技服务金融业务，通过计算机主机和终端布局，对金融机构的前中后台和组织体系的纵向与横向之间予以连接，实现传统业务处理向现代化信息系统的数据化业务处理迁移；科技作为金融工具，以技术替代手工计算，提高了金融业务的数据计算、存储与传输效率 |
| 第二时期 | 科技引领金融创新，由科技推动的金融业务创新，如第三方支付、一站式综合金融服务、众筹、大数据征信；科技的角色由工具转变为金融驱动力，由第一阶段的技术支持和工具作用提升为技术引领作用，金融科技在金融领域发生了重大变化，影响整个金融体系。科技逐渐走上前台，互联网技术大行其道，互联网金融快速发展 |

续表

| 时　　期 | 简　　介 |
| --- | --- |
| 第三时期 | 科技在第三阶段持续引领金融创新，并作为驱动力改变传统金融体系。新金融体系以虚拟方式替代物理方式，金融业务产品化、证券化、平台化、交易化，逐步替代传统金融业务方式；场景化的互联网金融兴起；金融科技企业逐渐构建金融生态；金融服务行业边界逐渐模糊，一站式综合金融服务大行其道，金融脱媒进程加快，普惠金融快速推进 |

科技要素与金融要素的融合，是金融科技的重要特征，主要体现为以下几个方面。

（1）电子银行、网络金融、直销银行、移动客户端……从大数据时代的渠道虚拟到社交网络中，要求金融服务定制个性化、综合化产品，再辅以传统渠道，实现线上线下并重发展。

（2）金融体系的标准化业务价值逐渐削弱，个性化的金融解决方案逐渐增强，金融机构要通过用户洞察，为用户提供个性化产品和价值。

（3）金融机构整合上下游资源，打通各业务链条，为客户提供资金、信息等服务。

## 二、金融创新离不开大数据

信息时代，互联网上的信息总量每天都在不断暴涨，这些信息主要有商家信息、个人信息、行业资讯、产品使用体验、商品浏览记录、商品成交记录，以及产品价格动态等。

随着大数据技术的普及和发展，金融大数据应用已经成为行业发展热点，被应用在多个场景中，如交易欺诈识别、精准营销、黑产防范、消费信贷、信贷风险评估、供应链金融等。

在金融行业，因行业正常运行因素而累积了大量的客户信息、储蓄信息、产品档案、报价数据、市场行情数据和交易数据等，这些信息的存量大到不可想象的程度，以纽约证券交易所一天的数据写入量为例，初步统计就超过1TB（Terabyte，太字节）；在速度上，用户访问和交易请求更是不计其数，这就对业务处理速度提出了更高的要求。

不可否认，金融大数据拥有广阔的发展前景。为了推动金融大数据更好地发展和应用，必须采取必要措施，如政策扶持保障、数据管理能力提升、行业标准规范建设和应用合作创新等，不断强化应用基础能力，持续完善产业生态环境。

从数据到大数据，从金融数据到金融大数据，不是简单地加一个字的问题，而是一个非常重大的、带有历史性变局的重要转变。未来要实现金融的创新与发展，都离不开大数据的参与。

### 三、大数据金融的发展状况与趋势

大数据金融的核心内容就是对商家和客户的数据进行收集、存储、发掘和整理归纳，让互联网金融机构能够得到客户的全方位信息，掌握客户的消费习惯。

大数据金融的发展状况和趋势介绍如下。

（1）大数据应用水平成为金融企业竞争力的核心要素。金融的核心是风控，风控以数据为导向，金融机构的风控水平直接影响着坏账率、营业收入和利润。大数据时代，数据治理是金融机构需要深入思考的命题，只有进行有效的数据资产管控，才能让数据资产成为金融机构的核心竞争力。

（2）金融行业数据整合、共享和开放成为趋势。如今，各国政府和企业已经逐渐认识到数据共享带来的社会效益和商业价值，美欧等发达国家和地区的政府甚至已经在数据共享上做出了表率，金融行业数据整合、共享和开放必将成为一大趋势。

（3）金融数据与其他跨领域数据的融合应用不断强化。如今，大数据技术已经发展成熟，数据采集技术快速发展，实现了外部海量高价值数据收集，包括政府公开数据、企业官网数据、社交数据。通过客户动态数据，金融机构能够更深入地了解客户。

（4）金融数据安全问题越来越受到重视。大数据的应用带来了新的数据风险，网络恶意攻击成倍增长，组织数据被窃的事件层出不穷，金融机构需要不断提高数据安全管理能力。

（5）解决供应链金融问题。供应链金融主要是解决中小企业融资难的问题，最早是物流金融。以核心企业作为出发点，利用核心企业的交易关系、提供担保给上下游企业统一授信，以其订单作为信用评分，主要是给中小企业提供金融服务，解决供应链资金失衡问题，提供信贷支持。

（6）实现精准营销。受互联网金融的冲击，各类金融机构都想掌握更多的用户信息，包括个人数据、交易历史、浏览历史、服务等。使用大数据进行分析，有助于构建精准的用户画像，了解客户并进行客户细分，实现个性化智慧营销。

（7）实现风险控制。应用大数据技术，机构可以统一管理银行内部多源异构数据、外部征信数据及用户社交网络数据，提高风险模型的预测能力，显著节省成本。

# 第二节　大数据在金融科技中的应用

## 一、大数据在银行的应用

银行和许多其他行业一样，为客户提供个性化服务是其最好的营销工具之一。在行业中创造个性化服务的压力也受到越来越多采用此类策略的公司的推动，因此存在激烈的竞争。另类银行机构开始使用金融科技公司的服务来改善其服务并提供更多个性化的套餐，同时也提供更好、更全面、更快速的基础设施，这有助于为最终消费者创造更个性化和更轻松的体验。金融科技公司不仅可以识别支出模式以提出银行业务建议，而且如果这是它们的目标之一，它们就可以使用这些模式帮助最终用户节省更多资金。

大数据在银行的具体应用主要体现在以下几个方面。

（1）为客户画像。大数据可以为个人客户和企业客户画像。对于个人客户，主要包括人口统计学特征、消费能力数据、兴趣数据、风险偏好等数据；对于企业客户，主要包括企业的生产、流通、运营、财务、销售和客户数据以及相关产业链上下游等数据。

（2）实现精准营销。确定了客户定位，就能实现个性化的精准营销。例如，收集客户所在地、最近一次消费等信息，进行有针对性的营销。

（3）实现风险管控。针对企业的生产、流通、销售、财务等相关信息，银行可以借助大数据挖掘方法进行贷款风险分析，量化企业的信用额度，有效地开展中小企业贷款。

（4）实现运营优化。借助大数据，银行可以对不同的市场推广渠道进行监控，调整合作渠道。同时，也可以分析哪些渠道更适合推广哪类银行产品，优化渠道推广策略。

（5）优化供应链金融。利用大数据技术，银行就能根据投资、控股、借贷、担保以及股东和法人之间的关系，形成企业间的关系图谱，为信息的搜索、挖掘和分析等提供便利。

**二、大数据在股票和证券市场的应用**

大数据在股票和证券市场上的可利用性是毋庸置疑的，具体应用有以下几个方面。

（1）进行股市行情预测。借助大数据，就能拓宽证券企业量化投资数据的维度，企业就能更精准地了解市场行情。随着大数据应用范围的不断扩宽、数据规模的爆发式增长以及数据分析和处理能力的显著提升，必然可以得到更广阔的数据资源，投研模型也会更加完善。

（2）进行股价预测。利用大数据技术，可以收集并分析社交网络（如微博、朋友圈、专业论坛等）渠道上的数据，使市场情绪感知成为可能。

（3）实现智能投顾。智能投顾业务提供线上的投资顾问服务，基于客户的风险偏好、交易行为等个性化数据，采用量化模型，能够为客户提供低门槛、低费率的个性化财富管理方案。

（4）提升证券业的服务水平。证券行业是综合类金融服务产品的提供者，在大数据的背景下，能够快速搜集高质量的信息，设计出更符合客户需求的产品组合，根据客户偏好进行改变和调整。

大数据能够通过对客户消费行为模式进行分析，提高客户转化率，开发个性化的产品以满足不同客户的需求。越来越多的证券公司开始采用数据驱动的方法，通过一系列信息的收集、存储、管理和分析，给客户提供更好的决策，充分体现了以客户为中心的服务理念。

**三、大数据在保险行业的应用**

保险行业的各个公司都在通过大数据技术改变自己的管理模式，从各个角度不断地变革自己，大数据技术在保险行业的数据获取方面已经获得了巨大的突破。

例如，有一家巨头保险公司平台，现在已经有两千多款保险产品触达三亿多客户，这些客户日均的保单量达到三千万，移动端达到两千万，线上理赔笔数每年达到几亿笔，这在没有大数据技术之前根本是无法想象的。大数据在保险行业的数据分析手段也变得越来越多样化了，通过一些聚类和决策树的分析使得客户画像越来越精准，而且对于一些行业运营过程中出现的问题都有了有效的监管手段和措施。

大数据在保险行业的应用有以下几个方面。

（1）帮助公司有效识别骗保。借助大数据手段，保险公司可以识别诈骗规律，提升骗保识别的准确性与及时性。

（2）有效解决风险管理问题。例如，通过智能监控装置搜集驾驶者的行车数据，如行车频率、行车速度、急刹车和急加速频率等。

（3）帮助保险公司减少赔付。赔付直接影响保险公司的利润。赔付管理一直是保险公司的关注点，而超大额赔付是赔付额的主要驱动因素之一。利用大数据，就能够有效减少保险公司的赔付。

（4）实现精细化营销。客户购买运费险，保险公司就能获得该客户的个人信息，包括手机号、家庭住址、银行账户信息，以及产品购买信息等，保险公司就能根据这些数据，最大限度地进行精准推送。

（5）全民电子病历系统让保险行业受益。建立全民统一标准的病历档案系统，医疗机构和保险公司就能随时查看客户的病历数据，减少重复性检查化验、避免病历信息误导和资源浪费，还能加快核保的速度，为客户提供方便，提高客户服务质量。

# 第十三章　大数据与教育

# 第一节　教育面临的一些问题

## 一、个人学员的痛点

教育的根本，就是为学生提供定制学习服务。教师与学生沟通勾画出详细的学习者档案，以此确定学习目标并细化项目学习任务，学生就能通过最合适的项目学习提升创新能力。

真理总是很简单的，教学也是如此。回到原点思考，教学无非就是为学生的学习引导设计、营造氛围、释疑解惑、检测巩固。其中"释疑解惑"最关键，即引导学生解决学习问题是教学的核心，只有学生把学习中的问题解决了，学生才会继续深入学习，否则问题就成了拦路虎。

古人有言："师者，所以传道授业解惑也！"这不是没有道理的，只是解惑的主体、路径、方式古今不同而已。因此，教学中，教师只有紧扣问题，找准学生学习中的真实问题，找到学生的"痛点"，才能有效施教。

可是，教师长期形成的教学惯性并非如此。即使课堂教学改革呼吁"关注学情"，教师也只能依靠经验和感觉来研究教学内容和设计教学方式，无法做到精准把握学情。

为了解决这个问题，提分网采用知识图谱的建构方式，对学生的知识点做整体梳理，目前已经成型的模块分两大类：一是总结性的专题梳理，可以帮学生回顾专题中覆盖的知识点。二是能力评估，可以直接诊断学生的薄弱知识，从而引导学生提升对知识点的掌握度。

学生整体水平并没有权威的数据来记录和诊断，也就谈不上测评。很多学生不了解自己的薄弱环节，也就无法有针对性地提高。

假如大数据能够做到精准记录一个学生的成长历程、知识储备的能力和薄弱环节，那么学校和老师就能有针对性地去对孩子的长项加以发挥，弱项进行重点提升，做到真正的"因材施教"。

### 二、学校机构的痛点

有了互联网教育产品，教师在教学层面上一定要站在适应互联网时代特征的角度进行教育设计，这种设计不仅仅是我们从课堂的观察得来的，也是从学科专家的视角得来的。

虽然有了这些前提，但学校机构的痛点也不少，具体表现在以下几个方面。

（1）教学交付方面。采用传统的教学方式，教学过程不透明，教师无法对学生的学习数据进行采集和分析，因此教学的交付就不能被衡量和量化。

（2）组织管理方面。我们知道，好的老师，至少能让机构生存下来；但如果想发展，想成长，想上市，就会遇到很多问题。比如，培训机构提供的是非标准化的产品，对老师过度信赖，容易遇到扩张和跨境管理的问题。学校数量少，便于管理，一旦变成了几十个、上百个甚至上千个，且分布在不同的省份、城市和区域，就无法做到统一了。很多培训机构就是因为忽视了这个问题而失败的。

在记录成长的过程中，对学生的具体情况进行量化，既可以提升教学质量，又可以针对不同的学员信息进行个性化教学。

### 三、上级监管痛点

目前，我国教育市场混乱，教育水平参差不齐，为了整治这种乱象，国家已经在大力推进教育改革，但多半都没有取得预期效果。

在现有的高考制度下，评判的标准就是分数。为了高考取得好成绩，学校就要多招收好生源，一方面学生成绩好，另一方面学生之间相互影响，更能促进学习。按照这个逻辑，必然会增加教育的不平衡。另外，对于民办学校和公办学校，送钱招生等内幕交易也缺乏监管机制。但如果借助了大数据，任何一个操作都能记录下来，都不可篡改，教育风气就会大有改观。

## 第二节　大数据在教育领域的应用和赋能

### 一、以数据技术推动教育改革

信息技术的发展给教育事业的发展带来了深刻的变革，这里有三次是需要特别强调的。

第一次，20 世纪 80 年代计算机的微型化和快速普及，以及多媒体技术的发展并应用于教学过程，推动了教育教学方法的改进，提高了教学质量和学生的学习效果。

第二次，20 世纪 90 年代中期，随着互联网的发展和应用，网上在线教育得到发展，不仅出现了网络学院、开放大学等组织形式，还通过互联网实现了对优质教育资源的共享。

第三次，云计算技术的发展和移动终端的创新和发展，增强了信息的存储和传输，进一步突破了时间和空间的限制，为人们提供了更加灵活的学习途径和机会。

近年来，随着大数据的发展，教育也成了大数据可以大有作为的一个重要应用领域，越来越多的网络在线教育和大规模开放式网络课程横空出世，大数据获得了更为广阔的应用空间。

我国教育数据异常丰富，是国家的重要战略资源。庞大的受教育基数产生了庞大的教育基础数据，是国家的核心数据之一，在推进教育现代化的进程中，要发挥优势，充分利用。

现在，大数据分析已经被应用到公共教育中，成为教学改革的重要力量。学校可以运用大数据创造学习分析系统，向教育工作者提供学生信息。例如，学生成绩不好，是由于周围环境而分心？期末考试不及格，是否意味着该学生没有完全掌握这一学期的学习内容？

## 二、大数据记录成长，实现因材施教

成长记录可以描述为一种对于学生的评价方式，是在国外发展起来的，反映的是学生在学习过程中所取得的成绩和进步。许多成长记录还带有反省与评价，很大程度上反映了学生的不断变化和真实情况，是学生在学习和成长过程中留下的一些证据和材料。成长记录具有个人鲜明的特征，能够为学生学习、教师教学提供指导。

一个好的成长记录，能够帮助教师发现学生的长项，从而达到真正的因材施教。

目前，大部分学生成长记录系统的功能包括"错题医院"、阅读摘抄、课堂问答、活动日志、精彩照片、美术书法和试卷作文等。其中，美术书法功能能够将学生的美术、书法作品进行采集、识别和归档，既能展示学校素质教育成果，又能记录学生的个人成长轨迹。

无论是校内教育，还是校外培训，都是以学生为主的。在校外培训市场面临专项治理的时候，校内教育的作用必然更为突出。与此同时，校外培训机构乃至社会企业为校内教育提供更为全面的服务也将成为新趋势。

　　学生成长记录，即电子版的学生成长手册。学生成长记录信息化平台系统数据源的内容包括学生的道德素养、文化技能、身心健康、实践能力、创新精神等方面的基本信息，以及学科成绩、绩效信息、学习偏好、行为方式等，全面记录学生成长的轨迹。

　　学生成长记录信息化平台系统，是利用数据采集技术将学生成长过程中的信息记录在学生的成长记录中。利用数据分析、挖掘工具对学生成长记录中的学习成绩数据库、行为记录数据库、奖励处罚数据库等进行分析处理，可以即时得到学生的知识、能力、心理、行为、特长和潜质的报告单，并最终形成"学生综合评价报告"。实现学生成长记录中数据的采集、挖掘、分析与有效利用，从而让教学有迹所循，教与学都能做到知己知彼。

　　如今，多数学校已经意识到学生成长记录的重要性。数据为我们提供了改革路线图。它告诉我们在哪里，我们需要去哪里，什么是最危险的。最优秀的教师今天使用的是以前难以想象的方式。他们需要知道自己的学生有多好，他们想知道自己需要做什么、教什么，以及如何教。使用数据不是一种选择，而是必需。

　　教师每天要收集并处理大量数据，以确定教学行为。有些数据明显、可以量化；如考试分数或等级；有些数据不太明显，如学生的表情、专心程度、耸肩或抱臂的姿态等，但这些却是反映学生动机、理解力和态度的指标。

### 三、大数据有助于发现学生综合能力

大数据时代，家庭教育不能还停留在以前的思维里，要随着社会发展而进行提升。

据相关研究和资料显示，美国也实行应试教育，只不过采用的是大数据思路。若仔细分析美国高考制度中的 SAT（学术能力评估测试）成绩，会发现它不完全是我们关注的这些应试内容，更多的是看重批判性思维、作文等。美国的 SAT 成绩只是数据中的一项，还要看学生的 GPA（平均学分绩点）成绩。

所谓 GPA 成绩，就是将学生从小学到高中的成绩都记录在 Edline 网站，包括每一次作业和考试。大数据时代，通过记录，就能知道学生感兴趣的课程、花费的时间、重看的位置、课程成绩、作业的完成时间和正确率等，自动生成个性化学业分析报告，教师以此为参考，就能快速调整教学方案。

同时，家长也要不断更新自己的教育理念，如果心理测试数据显示孩子有些焦虑、感到压力大，周末的时候就可以带他一起出去登山、打球等，让孩子暂时离开学习，放松大脑。此外，家长还要树立大数据意识，如果孩子成绩下降，就要收集孩子最近的学习表现，然后进行分析，如果发现数学成绩一直处于班级平均分之上，而英语成绩却低于班级平均分，就要先让孩子

补习英语。

如何补习？把系统之前收集到的错题取出来，跟孩子一起分析，并做记录，看看哪些是由粗心而看错题的，哪些是原本会做但写错的，哪些是真的没弄明白的……然后，寻找合适的教师进行一对一地辅导。如此，家长就会切实享受到大数据带来的便利和好处，也能够真正帮助孩子提高成绩。

随着大数据时代的降临，记录一个孩子的综合素质已经成为可能，经过教师和家长的正确引导，能够让孩子取长补短，享受公平又合理的教育。

# 第十四章　大数据与医疗

# 第一节　医疗产业的大数据应用迫在眉睫

## 一、医疗需要大数据

医疗数据是医生对患者诊疗和治疗过程中产生的数据，包括患者基本数据、电子病历、诊疗数据、医学影像数据、医学管理、经济数据、医疗仪器设备及器械数据等，以患者为中心，成为医疗信息的主要来源。

有了医疗大数据，将会给未来医疗模式带来哪些改变呢？举个例子：

李女士已经年过五十岁了，患有心血管疾病，为了便于观察，儿子给她买了一个电子产品，坐在家里就能完成基本医疗检测，将数据上传后，可以直接在网上选择医院挂号、就诊。就医时，使用了电子病历，医生就能了解病情，将检查结果实时上传；交费也非常方便，只要用手机直接支付就行。

医生能共享李女士的病历，多方使用，便于与同科室或其他科室的医生探讨病情，从细节中找到治疗方法。另外，医生还能对李女士的病情发展进行远程监控，第一时间获悉李女士的情况，为她提供个体化医疗服务。

医疗需要大数据。大数据在医疗上的应用包括健康监测、疾病预防、临床辅助决策、互联网医疗、医药研发等。通过互联网医院、智能硬件、医药电商等进行辅助医疗，大大减少了患者与医生面对面的交互时间，提高了医生的工作效率和诊疗质量。

目前，众多网络"大佬"纷纷进军医疗领域，医疗大数据"数据全面，丰富多样，且数据之间呈相关性"的特点也是循证医学的精髓，可以将最佳的外部证据、医生的自身经验和患者意图结合起来，进行临床医学决策。

**二、医疗、医学界面临的问题**

如今，老百姓"看病贵"和"看病难"的问题严重影响着人们的生活质量。"看病贵"，是因为医疗费用太高，远超百姓的接受水平；"看病难"，则意味着医疗服务执行不到位。人工智能和大数据在医疗方面主要面临着以下两个问题。

（1）需要改变对疾病的认知和处理。现代医疗中只会查看患者的病史、症状、体征、实验室诊断，而忽视了患者的遗传背景、基因组数据、环境背景因素等基本信息。随着医疗知识积累的不断深入、专业的细化，利用大数据，一旦实现了更专业的人机配合，就能对患者进行最全面的诊断。

（2）需要改变医生的观念。过去的专科培养，使医生对数据的理解越来越局限，需要让医生从单纯的经验积累过渡到医学数据的积累。医生需要转变思想，需要接受人脑和计算机的结合，需要熟练地应用智能工具处理海量信息，为患者提供更加准确的诊治方案。

在医疗领域，大数据有着广泛的应用空间，可以用在疾病预防、临床应用、互联网医疗等方面。

# 第二节 大数据在医疗领域的应用

### 一、医疗大数据的发展趋势

未来，随着政策、资本、技术三大因素的持续利好，我国医疗大数据行业将迎来良好的发展前景。

首先是政策层面。随着"健康中国 2030"的不断推进，以及国家各试点省市医疗大数据中心的建设，医疗大数据行业会越来越规范化。

其次是技术层面。随着信息化、物联网、5G 技术的快速发展，以及深度学习、认知计算、区块链、生物信息学及医院信息化的全面建设，降低了基因测序、穿戴设备等数据采集成本，导致数据爆发性增长，为大数据人工智能分析奠定了规模基础。

最后是资本层面。面对医疗大数据的快速发展，政府热情高涨，给予了积极的支持；资本市场也更喜欢医疗大数据，更多资本逐渐进入该领域。

医疗保健和大数据的未来发展趋势主要有以下几个方面。

（1）医疗保健与大数据的融合，能够最大限度地改善可及性，促进医疗行业的繁荣，提高各地的医疗保健水平。

（2）利用云计算技术，医生和患者就能将医疗记录数字化，医生能直接看到完整的患者病史，患者也能访问就医信息。

（3）智能手机、医疗应用、可穿戴设备等的使用，增加了患者与医疗从业人员的互动，将责任从医疗机构转移到个人身上。

（4）通过移动设备和视频聊天，患者能够与医生联系；运用远程医疗技术，不仅能减轻患者来访医院的负担，还能为患者提供最大的帮助，可以快速和频繁地进行医患互动。

如今，信息化已经逐渐渗透到医疗卫生的各个领域，成为医疗卫生事业发展的重要引擎。可以预见，大数据技术在医疗领域必然会展现出更多的发展趋势，主要表现在以下几个方面。

（1）大数据技术在未来为决策者提供更多的支持。随着医疗和健康数据的急剧扩容和几何级的增长，利用包括影像数据、病历数据、检验检查结果、诊疗费用等在内的各种数据，运用大数据技术对各种数据进行筛选、分析，为广大患者、医务人员、科研人员及政府决策者提供服务和协助，必将成为未来医疗领域工作的重要方向。

（2）提供越来越多的个性化服务。利用大数据，公共卫生研究机构能够更早地预测即将爆发的传染病及其传播的范围和规模。对于个体而言，大数据就是全数据，通过集中全部诊疗信息和体检信息形成个体的全健康档案，可以使患者得到更有针对性的治疗方案。

（3）催生出新的业务模式和服务模式。除了一般的为诊断提供支持服务外，运用大数据技术还可以解决"看病难"的问题。例如，利用"云计算+大数据"，患者可以通过网络平台实现网络预约、异地就医、医疗保险信息即时结算；医疗机构之间能够实现同级检查结果互认，节省医疗资源，减轻患者负担。大数据技术在医疗领域将不断催生出新的业务模式和服务模式。

（4）处理过程及传输的实时化、及时化。未来，大数据技术在医疗领域的应用会越来越多，许多服务都需要实时地统计分析结果，为决策提供支持。处理过程及传输的实时化、及时化是未来大数据技术在医疗领域发展的重要趋势之一。

（5）大数据技术在医疗领域不断创新。未来，为了使大数据技术在医疗领域使用更方便，还会继续出现新的技术和工具，如新的数据及分析模型与技术、Hadoop 分发、下一代数据仓库等，这也是大数据领域的创新热点。

只有通过云计算、大数据、物联网、互联网、人工智能等数字技术，才能让数据信息充满活力，才能有效解决资源共享、培训指导、医疗健康资源不均衡等问题，使患者真正享受到公平的医疗服务。

### 二、大数据为智慧医疗赋能

随着大数据、云计算、物联网和人工智能技术等的快速发展，互联网医疗也将步入黄金期，智慧医疗产业必然会获得高速发展。

从阶段运行角度来看，智慧医疗分为数据获取、知识发现、远程服务等三个阶段。这三个阶段循环往复，且分别由物联网技术、大数据技术以及云计算技术作为核心支撑。从组成部分角度来看，智慧医疗分为智慧医院系统、区域卫生系统、家庭健康系统三部分；从管理对象角度来看，智慧医疗分为患者/普通人管理、医护人员管理、医疗器械/医药用品管理；从受众诉求角度来看，智慧医疗于公众而言是更便捷、优质的服务体验。

随着医疗行业和互联网的结合不断深入，人工智能、大数据等技术也应用到医疗领域，智慧医疗逐渐兴起。我国智慧医疗发展将何去何从？

从医疗用户角度看，智慧医疗能够借助可穿戴设备等，对用户的健康进行实时监控与提示，给用户提供饮食、作息、运动等健康提示，指导用户自主管理个人健康，做好疾病的预防。

从医疗机构角度看，智慧医疗促进了医疗质量的提升，能够缓解医护人员的压力。

从医护人员角度看，信息化医疗提高了诊疗效率，医疗机构可以在智慧医疗理念的指导下，通过人工智能、深度学习、机器学习等方法，做好疾病的诊断与治疗，为医护人员减轻工作压力。

从制度本身看，智慧医疗可以建立、健全家庭医生制度。国内自由择医的医疗制度使得众多就诊患者都涌入那些具有优质资源、高配置的大医院，这就造成了看病难、看病贵、医疗资源分布严重不均等问题，进而强调要合理配置医疗资源。建立家庭医生制度，通过制度支持、政策引导，鼓励居民、家庭与医疗团队建立长期、稳定的医疗服务联系，将基层首诊作为医疗卫生体系的核心，推进就诊患者、医疗资源逐步分流至基层社区。智慧医疗体系的建立，保障了医疗信息的全面、实时获取，有利于建立家庭医生制度，更加有效、合理地利用医疗资源。

　　智慧医疗建设是社会医疗卫生事业发展的新阶段，是医疗建设的一项大工程，其合理、有序的建设与发展，能够提供更高效、便捷的医疗服务，提供更公平、开放的医疗资源供给，保证更高效、低失误的医疗保障。但在其建设过程中，在大数据背景下，怎样从海量医疗数据中获取有价值的信息，怎样在智慧医疗建设下深化改革医疗的问题，切实解决看病难、看病贵等问题，提高医疗服务水平、医疗资源利用率，以及公平性，还需要政府、医疗机构、医务人员、医疗用户等多方面全员参与。

# 第十五章 大数据与个人生活

# 第一节　大数据如何影响个人生活

对大数据时代，有一个既形象又略带幽默的说法：随着大数据的广泛应用，世界越来越透明，人们就像生活在玻璃鱼缸里。每个人都是大数据的生产者，数据让孤立的个人不再神秘。

大数据技术已经被应用在了生活中的很多地方，包括我们日常的衣食住行。例如，登录淘宝网，想为自己买双鞋。如果之前你浏览过类似商品，那么你进入淘宝网后，网页上会自动跳出此类商品的广告。大数据技术可以根据用户曾经买过的商品的价格，分析用户的消费水平，同时根据用户最近的浏览和搜索内容，分析用户当下的需求，进行针对性非常强的推销。

除了这些，由于大数据的影响，普通人更容易借到钱，信用不良的人则会被机构或个人拒绝。因为普通人要想开通信用卡，需要提供收入、学历等证明；农村人口想向信用社借钱，还要提供可抵押的不动产等；而互联网金融，如京东白条、蚂蚁花呗等，则会根据借贷人的消费数据、银行卡流水信息、手机号码的消费记录等做出评分，一旦发现借款人信用不良，就会拒绝借款。

有了大数据的支撑，用户支付宝上的芝麻信用分达到一定分值后，就可以在蚂蚁花呗和蚂蚁借呗上进行不定额度的贷款。大数据让人借钱更容易了，值得一说的是对于那些心怀不轨、想要赖账的人，平台建立了一套完整的失信人登记系统，将那些逾期不还钱的"老赖"登记为失信人，限制其出行，使其不能乘坐飞机和高铁等。

当然，任何事物有其好的方面，自然也会有其不利的方面。大数据对普通人的生活也是如此。

例如，我们平时在银行所填的表格，不管你填写的是真实信息，还是虚假信息，银行的数据分析师都可以利用大数据技术分析出你所填信息的真伪。如果你经常填写虚假信息，那么以后你在银行贷款等事宜就会处处碰壁。但如果你填写了真实的信息，万一泄漏了个人信息则会被别人知道得一清二楚。这就告诉我们，在大数据时代，小的细节很容易暴露出一个人的问题点，而大数据技术可以将这些细节都挖出来，无数的细节需要我们在生活中谨慎而行。

另外，生活娱乐、旅游、警力、投资等案例，都体现了数据分析与生活的密切关系。在大数据的世界里，每个人都是"透明"的，我们就生活在"数据分析"的时代。所以，在享受大数据给我们带来便捷的同时，也一定要学会保护好自己的信息安全。

## 第二节　不容忽视的个人信息安全问题

在大数据时代，网络对人们的经济、社会活动的介入程度越来越深，信息和数据的收集也变得越来越便捷，相关行业完全可以利用信息和数据实现更大的价值创造，同时也给个人信息的保护带来前所未有的挑战。所以，大数据时代，个人信息安全问题是不容忽视的，必须加以重视和防范。

但是，不能因为担心安全受到威胁，就把数据封闭起来。个人数据只有充分流动、共享和交换才能实现价值。因此，要用辩证的眼光看待大数据发展带来的积极和消极影响，只有最大限度地保障数据安全、减少隐私泄露，才能安心享受大数据时代的成果。

如何处理个人信息保护与互联网技术发展两者之间的关系？正确的选择就是在个人信息的保护和利用之间找到一个恰当的平衡点，既让个人信息得到有效的利用，而又不至于被滥用。这就要求我们一定要善于区分哪些是公共数据、哪些是个人隐私，甄别清楚之后，对于公共数据就可以加以利用，而对于个人隐私则要予以保护。

随着人工智能、机器学习等新兴技术的发展，网络安全产业也迎来了新一轮变革。要想保护好个人信息，不仅要完善立法、加强企业管理，还要采用更多的科技手段。

## 第三节 大数据时代，个人信用是通行证

众所周知，现在个人信用已和我们的日常生活紧密相连。这也意味着我们的信用更有可能受到影响，不论是信用卡还账，还是房贷、车贷的偿还，甚至手机欠费、水电煤气费拖欠也会影响到信用。无论是分享经济、互联网金融，还是大数据，信用将是通行证。诚信才能走遍天下，失信则寸步难行，想必不少人已有切身体验。

信用是每个人存在的记录，类似于电子档案，记录着你的行为。比如你有没有违法，或是恶意拖欠债款，又或是你在银行或者其他平台借了几次钱，有没有按时归还等。这份记录对每个人都非常重要，不论要在哪里借钱贷款，对方都会先看你的信用记录。一旦有了不良信用记录，就会给个人带来很多危害。首先，无法在银行申请贷款。其次，没人愿意为你服务，不能乘坐火车和飞机，甚至连共享单车都无法解锁。

一旦失信，失信者名字将被列入黑名单，可能寸步难行。不论是在商业银行里办理信用卡或申请贷款，还是入职，对方对你的资格审查，都会用到你的信用报告。在报告上，你个人的信用程度被反映得一清二楚，任何污点都瞒不住。

如果信用良好，无论是借贷额度，还是利率，都能得到很大的好处，信

用越好，银行提供的福利也越高。反之，信用记录上的不良记录越多，银行审批就会越严格。

征信大数据，记录着每一位国人的信用情况，是未来国内发展关注的重点，也是未来每一位国人的"第二身份证"。现在，个人信用正变成一个人的最大财富，也将是通往下一个时代的钥匙！

# 参 考 文 献

[1] 涂子沛.大数据 [M].3 版.桂林：广西师范大学出版社，2015.

[2] 刘星.大数据：精细化销售管理、数据分析与预测 [M].北京：人民邮电出版社，2016.

[3]（英 雏克托·迈尔-舍恩伯格，肯尼思·库克耶.大数据时代 [M].周涛，等，译.杭州：浙江人民出版社，2013.

[4] 林子雨.大数据技术原理与应用 [M].2 版.北京：人民邮电出版社，2017.